초판 발행일 | 2019년 08월 30일
저자 | 해람북스 기획팀
펴낸이 | 박재영
총편집인 | 이준우
기획진행 | 유효섭

㈜해람북스   **주소** | 서울시 마포구 양화로 125, 8층(서교동, 경남관광빌딩)
문의전화 | 02-6337-5419   **팩스** 02-6227-1334
홈페이지 | http://www.hrbooks.co.kr

발행처 | (주)에듀파트너   **출판등록번호** | 제2016-000047호

ISBN 979-11-88450-37-4

이 책은 저작권법에 따라 보호받는 저작물이므로 무단전재와 무단복제를 금지하며,
이 책 내용의 전부 또는 일부를 이용하려면 반드시 저작권자와 (주)에듀파트너의 서면동의를 받아야 합니다.

※ 잘못된 책은 바꾸어 드립니다.
※ 책 가격은 뒷면에 있습니다.

ITQ 시험안내

- 자격 종류 : 국가공인자격
- 공인 번호 : 제2011-02호
  (정보기술자격(ITQ) A, B, C급)

• ITQ 시험이란?

정보기술자격(ITQ) 시험은 Information Technology Qualification의 약자로, 정보기술실무능력을 객관적으로 평가하는 국가공인자격시험이며 국민 누구나 응시가 가능합니다.

• 시험 과목

한 회차에 아래한글(MS워드), 한글엑셀/한셀, 한글액세스, 한글파워포인트/한쇼, 인터넷의 5개 과목 중 최대 3과목까지 시험자가 선택하여 신청할 수 있습니다.

• 합격점수/등급 구분

- 500점 만점을 기준으로 A등급부터 C등급까지 등급별 자격을 부여하며, 낮은 등급을 받은 수험생이 차기시험에 재응시 하여 높은 등급을 받으면 등급을 업그레이드 해주는 방법으로 평가합니다.
- 400~500점 : A등급, 300~399점 : B등급, 200~299점 : C등급, 200점 미만 : 불합격

• 시험출제기준

문항	배점	출제기준
문제1	30점	인터넷 일반
문제2	30점	(인터넷 윤리 및 인터넷 일반검색 등)
문제3	30점	일반검색 Ⅰ (문제 3-1 / 3-2 / 3-3)
문제4	50점	일반검색 Ⅱ
문제5	50점	
문제6	30점	퍼즐 정보 검색
문제7	30점	
문제8	30점	
문제9	50점	실용검색 (인터넷 생활 사이트 활용 및 정보 검색)
문제10	50점	
문제11	50점	
문제12	70점	정보가공 (제시된 주제에 따라 답안 완성)

※ 2015년 7월 11일 시험 이후 기준

ITQ 시험특징

01 공정성, 객관성, 신뢰성이 확보된 OA자격시험
- 2002년 1월 11일 정보통신부 공인을 획득한 국가공인자격시험입니다.
- 산업통상자원부 산하 특별법인 한국생산성본부에서 시행합니다.

02 현장실무위주의 시험
- 실무중심의 작업형 문제로 출제되어 현장 활용도가 높습니다.
- 단체 구성원의 정례화된 목표 지향이 용이하며, 개인의 변별력을 확보할 수 있습니다.
- 특히 구성원의 업무 차별화에 따른 과목선택이 가능합니다.

03 실기시험만으로 평가
- 필기시험이 없습니다.
- 실질적으로 업무에 필요한 실무 작업형의 문제로 시험을 실시하기 때문에 실기시험만으로 자격을 평가할 수 있습니다.

04 발전성과 활용성이 탁월함
- 동일 시험과목에 재응시가 가능하며, 취득한 성적별로 A, B, C등급을 부여하여 업그레이드를 지향할 수 있습니다.
- 최근 공공 및 행정기관, 대기업, 중소기업, 대학에서 정보기술 자격제도로 가장 많이 채택하여 활용하고 있습니다.

■ 도입기관별 ITQ자격시험 활용분야

구분	활용분야
기업	입사 시 우대, 사원교육제도, 승진가점, 경진대회 등
대학	학점인정, 교양필수, 개설과목 적용, 졸업인증제, 정보화능력배양, 신입생특별전형 등
정부부처	공무원 채용가점, 공무원 승진가점, 경진대회, 이벤트, 주민정보화 교육 등

ITQ 시험 제도의 운영 방향
- 국제수준 정보기술자격(ITQ) 시험으로 정착
- 정보기술관련 교육 평가 시스템으로 활용
- 대학 교양컴퓨터강좌의 학점인정제도와 연계
- 전문대학 정보기술 관련학과의 학점인정제도와 연계 및 실업계 특별전형 혜택
- 생산성대상(산업 훈/포장) 신청업체의 인력정보화 평가기준으로 적용
- 기업체 및 공공기관 단체의 신입사원 채용 시 ITQ 자격증 소지자 우대 및 내부 승진 시 인사고과 자료로 적극 활용 추진

ITQ 답안작성방법

시험 절차

[수험자 시험시작 20분전 입실]
↓
[답안 파일 작성 교육]
↓
단계 1 : 수험자 등록(수험번호)
↓
단계 2 : 시험시작(응시과목답안작성)
↓
단계 3 : 답안파일 저장(수험자 PC 저장)
↓
단계 4 : 답안파일 전송(감독 PC로 전송)
↓
단계 5 : 시험 종료(수험자 퇴실)

답안작성방법

1 수험자 로그인

① 바탕화면에서 [KOAS 수험자용] 아이콘을 실행합니다.

② [수험자 등록] 화면에서 수험번호를 입력한 후 [확인] 버튼을 클릭합니다.

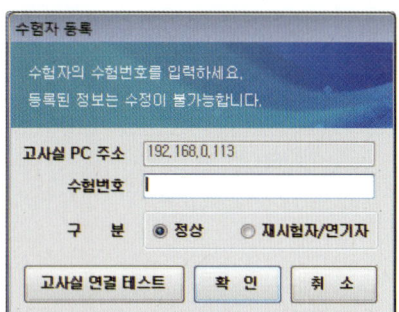

③ [MessageBox] 대화상자의 내용을 확인한 후 맞으면 [예]를 클릭합니다.

④ [수험자 버전 선택] 화면에서 수험번호, 성명, 수험과목, 좌석번호 등을 확인합니다.

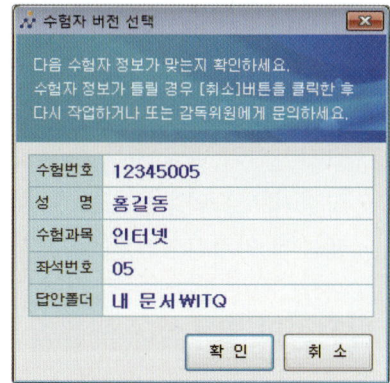

⑤ 확인 후 이상이 없으면 [확인] 버튼을 클릭하고 감독위원의 지시를 기다립니다.

2 답안파일 저장(수험자 PC 저장)

① 답안 작성을 위해 프로그램(아래한글, MS오피스)을 실행합니다.

② [파일]-[저장] 메뉴를 선택한 후 [다른 이름으로 저장] 대화상자에서 다음과 같이 파일을 저장합니다.
- 저장 위치 : 내문서₩ITQ
- 파일 이름 : 수험번호-성명-과목

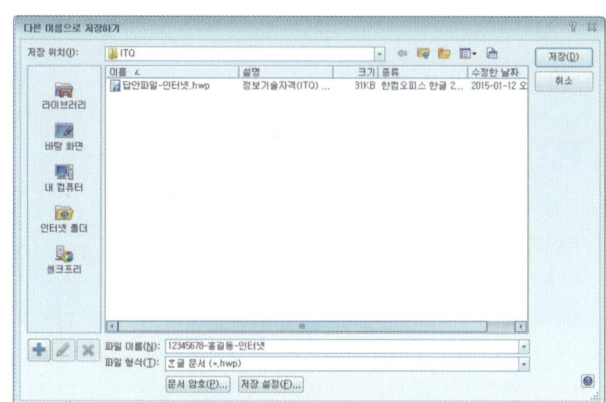

③ [프로그램의 제목표시줄에 본인의 파일 이름(수험번호-성명-과목)이 맞게 되었는지 확인합니다.

3 답안파일 전송(감독PC 전송)

① 저장한 답안파일을 전송하기 위해 [답안 전송] 버튼을 클릭합니다.

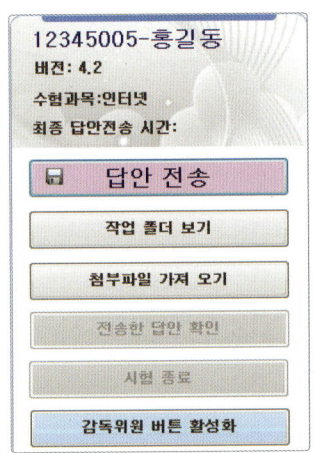

② [MessageBox] 대화상자의 내용을 확인 후 맞으면 [예]를 클릭합니다.

③ [고사실 PC로 답안 파일 보내기] 화면에서 내용을 확인한 후 [답안전송] 버튼을 클릭하여 감독 PC로 전송합니다.

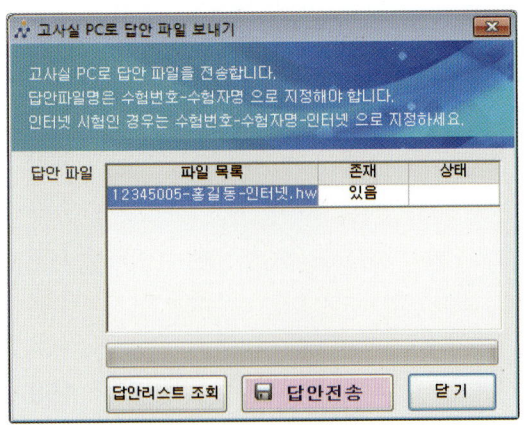

4 답안파일 작성

① 수험생이 선택한 과목에 대해 답안을 작성합니다.

② 이미지 파일은 "내문서₩ITQ" 폴더 내의 파일을 이용합니다.

답안파일을 작성하는 중간에도 주기적으로 저장([Ctrl]+[A])한 후 [답안 전송]을 진행하도록 합니다.

5 시험 종료

- 시험 종료 전에 답안 파일을 감독PC로 전송했는지 다시 확인하세요.
- [시험 종료] 버튼을 클릭한 후 감독위원 지시를 기다리세요.
- 감독위원이 퇴실요청을 하면 퇴실하시면 됩니다.

※ 주요 내용 정리

저장방법	'내문서₩ITQ' 폴더에 정확한 파일명으로 저장
제출방법	[답안 전송] 버튼을 사용하여 감독PC로 전송 (주의 : 파일명이 잘못 저장되어 있을 경우 전송되지 않음)

이 책의 차례

PART 01 유형별 공략하기

- 유형 01 인터넷 윤리 ·· 008
- 유형 02 일반검색 Ⅰ ·· 021
- 유형 03 일반검색 Ⅱ ·· 027
- 유형 04 가로·세로 정보 검색 ···································· 036
- 유형 05 실용검색 ·· 042
- 유형 06 정보가공 ·· 052

PART 02 실전모의고사

- 제01회 실전모의고사 ······· 060
- 제02회 실전모의고사 ······· 064
- 제03회 실전모의고사 ······· 068
- 제04회 실전모의고사 ······· 072
- 제05회 실전모의고사 ······· 076
- 제06회 실전모의고사 ······· 080
- 제07회 실전모의고사 ······· 084
- 제08회 실전모의고사 ······· 088
- 제09회 실전모의고사 ······· 092
- 제10회 실전모의고사 ······· 096
- 제11회 실전모의고사 ······· 100
- 제12회 실전모의고사 ······· 104
- 제13회 실전모의고사 ······· 108
- 제14회 실전모의고사 ······· 112
- 제15회 실전모의고사 ······· 116

PART 03 최신기출유형

- 제01회 최신기출유형 ·· 122
- 제02회 최신기출유형 ·· 126
- 제03회 최신기출유형 ·· 130
- 제04회 최신기출유형 ·· 134
- 제05회 최신기출유형 ·· 138
- 제06회 최신기출유형 ·· 142
- 제07회 최신기출유형 ·· 146
- 제08회 최신기출유형 ·· 150
- 제09회 최신기출유형 ·· 154
- 제10회 최신기출유형 ·· 158

PART 04 ITQ 정답 ·· 164

PART 01

유형별 공략하기

유형 **01** 인터넷 윤리

유형 **02** 일반검색 Ⅰ

유형 **03** 일반검색 Ⅱ

유형 **04** 가로·세로 정보 검색

유형 **05** 실용검색

유형 **06** 정보가공

유형 01 인터넷 윤리

문항	배점	출제기준
2문항 출제 (문제 1~2)	60점 (각 30점)	네티켓, 인터넷 중독, 유해/음란물 차단, 인터넷 상거래, 인터넷 저작권, 명예 훼손(사이버 폭력), 개인정보 관리, 스팸, 사이버 범죄 등

기출 유형 미리보기

문제 1 다음 중 그림의 (가)아이핀과 (나)공인인증서의 공통적 기능으로 가장 적절한 것은?

(가) 　　(나)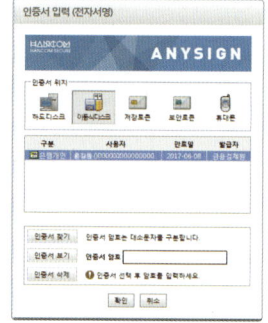

① 회원가입　　② 인터넷 거래　　③ 개인정보 인증　　④ 유해정보 대응

문제 2 게시판 이용에 관한 네티켓으로 옳지 않은 것은?

① 게시판의 내용은 명확하고 간결하게 작성한다.
② 다른 사람의 글을 올릴 경우에는 출처를 밝힌다.
③ 다른 사람이 올린 글이 내 생각과 다르면 삭제할 때까지 댓글을 단다.
④ 같은 내용의 글은 여러 번 올리지 않는다.

ITQ 시험에서는...

- 최근에는 실생활 관련 윤리 문제 및 인터넷 문화에 대한 문제도 인터넷 윤리 문항에 출제되고 있습니다.
- 상식적인 범위 내에서 광범위하게 출제되고 있으므로 문제를 암기하는 것보다는 개념을 이해하는 것이 중요합니다.

유형잡기 01 인터넷 윤리

※ 인터넷 생활을 하면서 필요한 기본적인 윤리 및 기본 정보에 대해 알아 둡니다.

01 정보사회

- **인간 생활의 변화**
  - 서로간의 상호작용이 가능한 쌍방향성이 실현되었다.
  - 시간과 공간의 제약을 초월하여 홈쇼핑, 홈뱅킹 등의 개인 복지가 향상되었다.
  - 사이버 공간에서 새로운 인간관계와 문화가 형성되었다.
  - 통신기술의 발달로 시간과 공간의 제약에서 해방되었다.

- **정보사회의 윤리**
  - 모든 정보는 정확하고 올바르게 활용되어야 한다.
  - 모든 정보는 인간의 존엄성을 바탕으로 삶의 질을 향상시키는 데 활용되어야 한다.
  - 정보의 유출은 사회적으로 큰 피해를 야기할 수 있으므로 사전에 방지한다.
  - 국가의 기밀, 개인의 사생활, 지적 재산권의 보호 의무를 지닌다.
  - 정보의 제공과 활용에 있어 인권 존중에 기본을 둔다.

- **정보사회의 역기능(문제점)**
  - 개인 정보 유출로 인한 사생활 침해 증가
  - 프로그램 불법 복제, 바이러스 유포 등 지능적 범죄 증가
  - VDT 증후군, 테크노스트레스와 같은 직업병 발생
  - 정보 이용 기회의 불균형으로 인한 정보 소외 현상 발생
  - 유통 및 판매 구조의 자동화로 인한 실업자 증가
  - 사이버 가상공간으로 인한 현실 도피와 인간성 상실
  - 중앙컴퓨터 또는 서버의 장애로 인한 사회적, 경제적 혼란 초래

- **VDT 증후군** : 컴퓨터 단말기를 오랜 시간 사용함으로써 발생하는 질병을 의미한다.
- **테크노스트레스** : 급속한 기술혁신에 대응하여 이를 수용하지 못하고 정신적으로 불안정해지는 상태를 말한다.

02 사용 영역별 네티켓

● 게시판 네티켓

- 올바른 맞춤법과 문법에 맞는 표현을 사용한다.
- 사실에 근거하지 않은 내용은 올리지 않는다.
- 반드시 경어체(높임말)를 사용하고 반말은 사용하지 않는다.
- 같은 글을 반복적으로 올리는 행위(속칭 도배)는 하지 않는다.
- 완성되지 않은 형태의 문자를 사용하지 않는다. (ex. ㅋㅋㅋ, ㅎㅎㅎ 등)
- 게시판의 글은 명확하고 간결하게 쓰도록 한다.
- 게시물의 내용을 잘 설명할 수 있는 알맞은 제목을 사용한다.

● 채팅 네티켓

- 바른 언어, 좋은 말을 사용하고 욕설, 비방은 하지 않는다.
- 상대방에 대한 호칭은 '대화명' 끝에 님을 반드시 붙인다.
- 입장 및 퇴실 때에는 서로에게 인사를 하도록 한다.
- 전화번호, 주소를 묻지 말고, 가르쳐 주지도 않는다.
- 채팅으로 만난 사람을 오프라인에서 함부로 만나지 않는다.

- 네티켓 : 네트워크(Network)와 에티켓(Etiquette)의 합성어로, 네티즌이 네트워크상에서 지켜야 할 상식적인 예절을 말한다.

● 자료실 네티켓

- 자료를 올릴 때는 반드시 출처와 원 작성자를 밝힌다.
- 상용 소프트웨어, 음란물 등의 자료는 올리지 않는다.
- 자료를 올리기 전에는 반드시 바이러스 감염 여부를 체크한다.
- 공개자료실에 등록할 자료는 가급적 압축하도록 한다.
- 불법 소프트웨어 공유 사이트(와레즈)를 이용하지 않는다.

- 상용 소프트웨어 : 가장 일반적인 방식으로, 사용자가 돈을 주고 구입해야 하는 프로그램
- 패치(Patch) 프로그램 : 프로그램의 단점을 보완하거나 기능의 일부를 변경해 주는 프로그램
- 셰어웨어(Shareware) : 정식 소프트웨어를 판매하기 위해 무료로 나누어주는 프로그램으로, 일부 기능이나 사용 기간 등에 제한을 둠
- 프리웨어(Freeware) : 공개 소프트웨어로, 프로그램 제작자가 자유로운 사용을 허락하여 공개한 프로그램
- 번들(Bundle) : 컴퓨터나 소프트웨어를 구입할 경우 서비스로 제공되는 부수적인 프로그램

03 인터넷 중독

● 인터넷 중독 진단
- 인터넷 사용이 중단될 시 불안, 초조 등 금단현상이 나타난다.
- 종전보다 더 많이 접속해야 만족을 느끼는 등 사용시간이 길어진다.
- 컴퓨터에 대한 의존성이 심해지며, 게임 등을 하느라 끼니를 거른다.
- 현실과 인터넷 공간을 구분하지 못할 때가 있다.
- 과도한 게임으로 성적이 떨어지거나 시력 등 건강이 나빠지고 있다.
- 인터넷 사용 때문에 가정, 직장 내 불화가 잦아진다.

● 인터넷 중독 예방
- 컴퓨터는 공개된 공간에 설치한다.
- 하루 중 컴퓨터 사용시간을 일정하게 정하고 지키도록 노력한다.
- 인터넷 중독으로 자신이 잃은 것을 객관적인 입장에서 파악한다.
- 컴퓨터 게임보다 활동적이고 유익한 여가 활동을 많이 한다.
- 혼자 해결하기보다는 가족이나 주위 사람에게 도움을 요청한다.

- 한국정보화진흥원 스마트 쉼센터(www.iapc.or.kr) : 인터넷 중독 진단 및 예방, 상담 치료 등의 업무 수행

04 개인정보 보호

● 개인정보 침해 예방방법
- 공공장소(도서관, PC방 등)에서 컴퓨터 사용 후 로그인 기록 등을 삭제한다.
- 공인인증서는 USB나 보안토큰에 별도로 저장한다.
- 사이버 금융거래는 신뢰할 수 있는 웹 사이트에서 이용한다.
- 회원가입 또는 개인정보를 제공할 때에는 개인정보 처리방침 및 이용약관을 꼼꼼히 살핀다.
- 비밀번호는 주기적으로 변경한다.
- 주민번호 대신 대체 수단(I-PIN)을 사용하여 회원가입을 한다.
- 출처가 불명확한 자료나 메일은 열거나 다운로드하지 않는다.
- 트위터 등 SNS 이용 시 가급적이면 개인정보를 공개하지 않거나 최소한으로 공개한다.
- 개인정보가 침해당했을 때는 관련기관에 신고를 한다.
    - 주민등록번호 이용내역 확인 : clean.kisa.or.kr
    - 개인정보침해대응센터 : www.krcert.or.kr

- **개인정보 인증**
  - I-PIN(Internet Personal Identification Number) : 인터넷상에서 주민번호를 대신하여 아이디와 패스워드를 이용하여 본인을 확인하는 수단이다.
  - 공인인증서 : 온라인상에서 이루어지는 전자거래를 안심하고 사용할 수 있는 서명으로 사이버 거래용 인감증명서이다.

유형잡기 02 인터넷 생활

인터넷 생활에서 발생하는 각종 사이버 범죄 대처 방법, 유해/음란물 대처 방법, 저작권, 개인정보 보호 방법 등에 대해 알아 둡니다.

01 정보사회

- **유해/음란물 대처 방법**
  - 음란물 검색 프로그램이나 음란물 대응 소프트웨어를 활용한다.
  - 가족 공용의 공간에 컴퓨터를 놓고 사용한다.
  - 부모가 컴퓨터를 배워 자녀와 공감대를 형성한다.
  - 음란물 사이트 신고처 및 신고 방법을 숙지하고 발견 즉시 신고한다.

02 인터넷 저작권

- **저작권법**
  - 저작자의 권리와 이에 인접하는 권리를 보호하고 저작물의 공정한 이용을 도모함으로써 문화의 향상·발전에 이바지함을 목적으로 제정된 법이다.

- **저작권 침해 사례**
  - 출간된 만화를 스캔하여 그림 파일로 만들어 인터넷에 업로드 하는 행위
  - 출간된 서적의 전체 혹은 일부를 문서 파일로 만들어 인터넷에 업로드 하는 행위
  - 영화 혹은 드라마를 동영상 파일로 만들어 인터넷에 업로드 하는 행위
  - 웹툰(인터넷 만화)을 스크랩하여 저작자의 동의 없이 다른 장소에 등재하는 행위
  - 개인 블로그의 작성물을 저작자의 동의 없이 다른 장소에 등재하는 행위
  - 상용 소프트웨어를 무료로 다운 받을 수 있도록 인터넷에 업로드 하는 행위
  - 상용 소프트웨어의 인증키(인증번호)를 인터넷에 유포하는 행위

• 보호받는 저작물	• 보호받지 못하는 저작물
1. 소설·시·논문·강연·연설·각본 그 밖의 어문저작물 2. 음악저작물 3. 연극 및 무용·무언극 그 밖의 연극저작물 4. 회화·서예·조각·판화·공예·응용미술 그 밖의 미술저작물 5. 건축물·건축을 위한 모형 및 설계도서 그 밖의 건축저작물 6. 사진저작물(이와 유사한 방법으로 제작된 것을 포함한다) 7. 영상저작물 8. 지도·도표·설계도·약도·모형 그 밖의 도형저작물 9. 컴퓨터프로그램저작물	1. 헌법·법률·조약·명령·조례 및 규칙 2. 국가 또는 지방자치단체의 고시·공고·훈령 그 밖에 이와 유사한 것 3. 법원의 판결·결정·명령 및 심판이나 행정심판절차 그 밖에 이와 유사한 절차에 의한 의결·결정 등 4. 국가 또는 지방자치단체가 작성한 것으로서 제1호 내지 제3호에 규정된 것의 편집물 또는 번역물 5. 사실 전달에 불과한 시사보도

03 인터넷 상거래 피해 예방법

- 급한 이유가 있다며 싼 가격을 제시하며 직거래를 제안하는 사람은 주의한다.
- 부득이하게 직거래를 하는 경우, 직접 만나서 물품을 받는 것이 가장 좋다.
- 식용품, 의약품의 경우 사전에 부작용에 대한 정보를 찾아본다.
- 구입한 상품의 환불, 교환이 처리되지 않으면 소비자 보호단체 등에 알린다.
- 해당 쇼핑몰이나 상품에 대한 정보를 전화, 메일, 게시판을 통해 정확하게 문의한다.
- 해당 쇼핑몰이나 판매자를 대상으로 하는 피해자 모임이나 카페가 있는지 확인한다.
- 인터넷 거래는 가급적 신용카드를 이용하며, 현금거래를 유도하는 사람은 의심해 본다.

04 스팸 메일 및 메시지

● 스팸 메일 방지 수칙

- 인터넷 웹 사이트, 게시판 등에 전자우편 주소, 전화번호를 남기지 않는다.
- 인터넷 서비스 가입시 광고 메일 '수신하지 않음'을 선택한다.
- 이동통신사 또는 이메일 프로그램 또는 서비스에서 제공하는 다양한 차단 기능을 활용한다.
- 광고 메일을 열어보거나 스팸 메시지에 포함된 URL에 접속하지 않는다.
- 미성년자는 포털의 청소년 전용 계정을 이용한다.

- 스팸 메일 및 메시지 피해 신고처
  - KISA 불법스팸대응센터(spam.kisa.or.kr) ☎ 118

05 전자우편

- 이메일 송·수신시 준수 사항
  - 보내는 사람이 누구인지 명확히 밝힌다.
  - 인터넷 언어 사용 네티켓을 철저히 준수한다.
  - 내용에 걸맞는 제목을 사용하고 이모티콘 및 준말은 가까운 친구 사이에서만 쓴다.
  - 여러 사람의 이메일 주소를 수취인에 한꺼번에 써서 보내지 않는다.
  - 수신자가 동의하지 않은 무분별한 광고 메일은 보내지 않는다.

- 바이러스 메일 대처법
  - 보낸 사람의 신원이 확실치 않을 경우에는 이메일을 절대 열람하지 않는다.
  - 선정적이고 자극적인 제목의 이메일은 함부로 열람하지 않는다.
  - 바이러스 백신 프로그램의 실시간 감시 기능을 작동시켜 놓도록 한다.
  - 이메일의 첨부 파일을 다운로드할 때는 반드시 바이러스 검사를 실시한다.

유해/명예훼손 관련 사이트	인터넷 상거래 관련 사이트
• 경찰청 사이버안전국(www.netan.go.kr)	• 공정거래위원회(www.ftc.go.kr)
• 그린 i-Net(www.greeninet.or.kr)	• 행복드림(www.consumer.go.kr)
• 한국인터넷진흥원(www.kisa.or.kr)	• 한국소비자원(www.kca.go.kr)
• 방송통신심의위원회(www.kocsc.or.kr)	• 한국공정거래조정원(www.kofair.or.kr)

06 사이버 명예훼손

- 사이버 명예훼손 해당 행위
  - 근거 없이 특정 인물에 대해 적개심을 표현하는 글을 인터넷상에 등재하는 행위
  - 근거 없는 루머 또는 적개심을 표현한 글을 다양한 장소에 복사하여 퍼뜨리는 행위
  - 특정 인물에 대해 욕설 등 비방하는 행위
  - 타인의 개인정보(주민등록번호, 전화번호, 주소 등)를 인터넷상에 유포하는 행위
  - 이성적으로 논쟁하지 않고 논쟁 상대에 대한 인격적 모독을 하는 행위

- **사이버 명예훼손 예방법**
  - 주민등록번호, 전화번호 등의 개인정보는 최대한 인터넷상에 올리지 않는다.
  - 인터넷상에서 타인의 감정을 자극하는 언어를 사용하지 않는다.
  - 원하지 않는 이메일에는 답하지 않고, 필터링 시스템 등을 이용한다.

- **사이버 명예훼손 대처법**
  - 피해 사실에 대한 증거 자료를 명확히 남겨 두도록 한다.
  - 증거 자료 확보 후에는 관련 사이트 담당자에게 삭제를 정식으로 요청한다.
  - 필요시 사법기관(방송통신심의위원회, 명예훼손조정본부 등)을 통해 해결한다.

07 사이버 명예훼손

- **스미싱(Smishing)이란?**
  - '무료쿠폰', '돌잔치 초대장' 등을 내용으로 하는 문자메시지 내 인터넷 주소를 클릭하면 악성코드가 설치되어, 피해자가 모르는 사이에 소액결제를 하거나 개인, 금융정보를 탈취하는 방법이다.

- **스미싱(Smishing) 예방법**
  - 지인에게서 온 문자메시지라도 출처가 확인되지 않은 문자메시지 내 인터넷 주소를 클릭하지 않는다.
  - 전자금융사기 예방서비스 공인인증서 PC지정 및 추가인증을 사용한다.
  - 자신의 스마트폰으로 114를 눌러 소액결제 차단·제한 서비스를 상담원에게 요청한다.
  - 보안강화·업데이트 명목으로 금융정보를 요구하는 경우 절대 입력하지 않는다.
  - 백신 프로그램을 설치·업데이트 하고 실시간 감시 상태를 유지한다.

- **파밍(Pharming)이란?**
  - 악성코드에 감염된 PC를 조작해, '즐겨찾기' 또는 포털사이트를 통해 금융회사 홈페이지에 접속하여 피싱 사이트로 유도하여 금융정보를 탈취해 유출된 정보로 예금을 인출하는 방법이다.

- **파밍(Pharming) 예방법**
  - 사이트 주소가 정상인지 확인하고, 보안카드번호 전부는 절대 입력하지 않는다.
  - 공인인증서, 보안카드 사진 등을 컴퓨터나 이메일에 저장하지 않는다.
  - OTP(일회성 비밀번호 생성기), 보안토큰(비밀번호 복사 방지) 등을 사용하도록 하며, 공인인증서 PC지정 등 전자금융 사기 예방서비스에 가입한다.

유형 01 기출 유형 따라잡기

01 다음 중 인터넷 게시판 사용에 대한 네티켓으로 옳지 않은 것은?

① 게시판의 글은 간결하고 명확하게 쓴다.
② 주제에 맞는 그룹 게시판에 글을 올린다.
③ 남을 비방하고 험담하는 내용은 올리지 않는다.
④ 게시판 작성자의 전자우편주소, 전화번호는 반드시 함께 작성한다.

02 다음 중 인터넷의 순기능이 아닌 것은?

① 개방성
② 시공간 초월성
③ 정보침해
④ 쌍방향성

03 다음 중 인터넷 미디어의 특성으로 옳지 않은 것은?

① 하이퍼링크를 통한 미디어의 연결
② 음성과 영상을 연결한 다양한 형태의 미디어
③ 개인 간에 동시적 또는 비동시적으로 정보교환
④ 시공간의 상대적 제한성

04 다음 중 인터넷 중독 예방지침으로 옳지 않은 것은?

① 컴퓨터를 사용하기 전에 사용목적을 간단히 메모한 후 접속한다.
② 스스로 조절이 어려울 경우 시간관리 소프트웨어를 사용한다.
③ 주로 방문하는 사이트를 파악하고 사용시간과 방문횟수를 기록한다.
④ ESD(Electronic Software Delivery) 라이선스 구매를 지양하고 CD프로그램으로 구매한다.

05 파밍(pharming)의 피해를 예방하기 위한 방법과 관계 없는 것은?

① 컴퓨터, 이메일, 웹하드 등에 공인인증서, 보안카드 사진, 비밀번호를 저장하지 않는다.
② 출처가 확인되지 않은 스마트폰 문자메시지의 인터넷주소를 클릭하지 않는다.
③ 출처불명의 파일이나 이메일은 즉시 삭제하고 무료 다운로드 사이트 이용을 자제한다.
④ 윈도, 백신프로그램을 최신 상태로 업데이트하고 실시간 감시상태로 유지한다.

06 파밍(pharming) 사이트의 특징으로 옳지 않은 것은?

① 정상적인 은행 홈페이지 주소를 입력해도 가짜 홈페이지로 연결
② 기존에 클릭하던 즐겨찾기를 클릭해도 가짜 홈페이지로 연결
③ 인증서 로그인 단계 이전에 인증서 암호 입력 요구
④ 휴대폰으로 인증번호 문자를 받고서 접속 가능

07 다음 중 스마트폰 스팸메시지 대응 방법으로 옳지 않은 것은?

① 스팸번호를 즐겨찾기로 설정한다.
② 통신사의 스팸차단서비스를 이용한다.
③ 스팸차단, 신고용 앱을 설치한다.
④ 스팸으로 의심되는 전화번호로 수신될 경우 스마트폰 기능으로 해당번호를 차단 설정한다.

08 다음 중 휴대전화 스팸방지 수칙으로 옳지 않은 것은?

① 단말기에 등록된 전화번호 이외의 모든 번호는 착신거부 설정하기
② 불필요한 전화광고 수신에 동의하지 않기
③ 스팸으로 의심되는 경우 응답하지 않기
④ 스팸을 통해서는 제품구매나 서비스 이용을 하지 않기

09 다음 중 이메일 스팸방지 수칙으로 옳지 않은 것은?

① 이메일 프로그램 자체에 내장된 스팸차단 기능을 적극 활용하기
② 웹사이트, 게시판 등에 이메일 주소와 전화번호 이외의 정보는 남기지 않기
③ 불필요한 광고메일 수신에 동의하지 않기
④ 스팸으로 의심되는 경우 열어보지 않기

10 본인의 핸드폰에 보이스피싱 전화가 왔을 때 가장 민감하지 않은 정보인 것은?

① 본인의 핸드폰번호
② 본인의 주민등록번호
③ 본인의 계좌 비밀번호
④ 본인의 인터넷뱅킹 로그인 ID

11 금융거래 등 상거래에 있어서 거래 상대방의 신용을 판단할 때 필요한 신용정보에 해당하지 않는 것은?

① 신용정보주체의 신용도를 판단할 수 있는 정보
② 특정 신용정보기관을 식별할 수 있는 정보
③ 신용정보주체의 거래내용을 판단할 수 있는 정보
④ 신용정보주체의 신용거래능력을 판단할 수 있는 정보

12 랜섬웨어(Ransomware)에 감염된 컴퓨터의 증상으로 옳지 않은 것은?

① 파일 이름 변경
② 파일 확장자 변경
③ 금품요구 메시지
④ 휴지통 비우기

13 "서울지방경찰청 금융범죄수사팀 김 경사입니다. 당신의 계좌가 범죄에 연루되었으니 안전한 계좌로 옮기시기 바랍니다."라는 핸드폰 문자를 받았을 때 올바른 행동으로 가장 적절한 것은?

① 발신자에게 전화를 건다.
② 문자 내용을 무시하고 삭제한다.
③ 안전한 계좌를 개설하여 이체한다.
④ 계좌 잔액을 모두 현금으로 인출한다.

14 컴퓨터 바이러스 감염을 예방하기 위한 방법으로 옳지 않은 것은?

① 중요한 파일은 복사본을 만들어둔다.
② 모든 소프트웨어는 최신버전으로 구매한다.
③ 백신을 설치하고 주기적으로 점검한다.
④ 발신인을 알 수 없는 메일은 열어보지 않는다.

15 다음 중 불법 소프트웨어 단속대상인 것은?

① OEM 프로그램을 삭제하고 정품 프로그램을 구매하여 설치했을 경우
② 프리웨어를 다운로드하여 사용하는 경우
③ 셰어웨어에서 제공하는 기간을 넘겨서 사용하고 있는 경우
④ 인터넷에서 신용카드로 구매한 프로그램 CD를 분실한 상태에서 사용하고 있는 경우

16 개인정보를 지키기 위한 안전 수칙으로 옳지 않은 것은?

① 개인정보 제공을 요구하는 경품 이벤트 참여는 각별히 주의한다.
② 휴대폰 메시지로 출처가 확실하지 않은 곳에서 발송된 주소(URL)는 열지 말고 바로 지운다.
③ 사람들이 공동으로 접속하는 컴퓨터에서는 가급적이면 인터넷뱅킹 등의 금융거래는 하지 않는다.
④ 개인의 주민등록번호, 신용카드번호, 통장계좌번호 등 개인정보는 PC에 저장하지 않고 인터넷 등에 저장하는 습관을 기른다.

17 안전한 전자상거래를 위한 인터넷쇼핑몰 이용소비자의 안전수칙으로 옳지 않은 것은?

① 교환, 환불, 반품조건 등을 확인하고 거래한다.
② 안전한 결제가 이루어지는 사이트인지 확인한다.
③ 사이트에 사업자정보(상호, 주소, 전화번호 등)가 기재되어 있는지 확인한다.
④ 무료배송 여부를 확인한다.

18 다음 중 소셜네트워크서비스(SNS)가 아닌 것은?

① 페이스북(Facebook)
② 인스타그램(Instagram)
③ 구글(Google)
④ 트위터(Twitter)

19 안전한 금융거래를 위한 비밀번호의 안전관리수칙으로 옳지 않은 것은?

① 비밀번호를 수첩, 웹하드 등에 남기지 않는다.
② 인터넷포털, 금융계좌, 공인인증서 등의 비밀번호는 각각 다르게 설정한다.
③ 비밀번호는 주기적으로 변경하고 타인에게 알려주지 않는다.
④ 생년월일, 전화번호 등 쉽게 유추할 수 있는 번호를 사용한다.

20 정보통신망을 통하여 유통되는 유해정보 중에서 권리침해정보에 해당하지 않는 것은?

① 사행성 정보
② 명예훼손 정보
③ 초상권침해 정보
④ 사생활침해 정보

유형 02 일반검색 Ⅰ

문항	배점	출제기준
1문항 출제 (문제 3)	각 10점 30점	기본상식 및 시사, 역사 등 새로운 지식습득에 관련된 검색

기출 유형 미리보기

■ 일반검색 Ⅰ **각 10점**

문제 3 다음 노벨상 수상자와 수상연도에 해당하는 〈보기〉의 번호를 답안지에 적으시오(번호).

3-1) 류샤오보 [劉曉波 | Liu Xiaobo] ……………………………………………… (   )

3-2) 폴 새뮤얼슨 [Paul Anthony Samuelson] ……………………………………… (   )

3-3) 김대중 [金大中] ……………………………………………………………… (   )

• 보기 •
① 1970년   ② 1980년   ③ 1990년   ④ 2000년   ⑤ 2010년

ITQ 시험에서는...

- 블로그, 지식IN 등 개인이 작성한 페이지에는 잘못된 정보가 등록될 수도 있기 때문에 관련기관, 공공기관 등 해당 정보를 직접적으로 제공하는 곳에서 검색을 해야 정확한 답안을 작성할 수 있다.
- 핵심 키워드를 찾아 검색하며, 답안에 정확히 작성하는 것이 중요하다.

01 인터넷 기본/시사상식 검색

기본지식 및 시사 등 새로운 지식을 습득할 수 있는 문제로 폭넓게 출제가 되고 있으니 최신 이슈 등 관련 내용을 알아 둡니다.

01 검색 사이트에서 정보 검색하기

문제 3 다음 노벨상 수상자와 수상연도에 해당하는 〈보기〉의 번호를 답안지에 적으시오(번호).

① 문제에서 검색할 핵심 단어나 문구를 찾은 후 검색 사이트(www.naver.com)를 이용해 검색하도록 합니다.

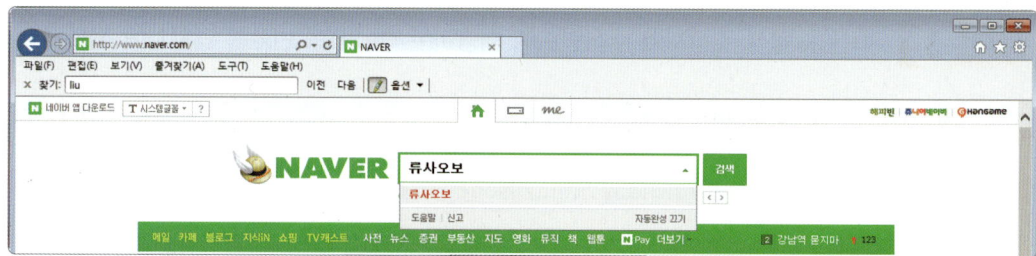

💡 내공 빵빵

검색 사이트
- 다음(www.daum.net)
- 구글(www.google.co.kr)

② 검색을 통해 '류샤오보'를 찾았다면 노벨상 수상 연도를 확인 후 답안을 작성합니다. 이어서 '폴 새뮤얼슨', '김대중'을 차례로 검색하여 답안을 작성합니다.

유형 02 기출 유형 따라잡기

01 다음 만해문학상의 수상작품명을 〈보기〉에서 찾아 해당 번호를 답안지에 적으시오(번호).

1-1) 제20회 만해문학상 수상작 ·· (   )
1-2) 제23회 만해문학상 수상작 ·· (   )
1-3) 제29회 만해문학상 수상작 ·· (   )

• 보기 •
① 소설 쓰는 밤   ② 밤의 눈   ③ 소년이 온다   ④ 푸른 혼   ⑤ 빛의 제국

02 제21회 부산국제영화제 수상작품명을 〈보기〉에서 찾아 해당 번호를 답안지에 적으시오(번호).

2-1) 뉴 커런츠상 ·· (   )
2-2) 선재상 ··· (   )
2-3) 비프메세나상 ·· (   )

• 보기 •
① 꿈의 제인   ② 옆집   ③ 환절기   ④ 아버지의 마지막 선택   ⑤ 아는 사람

03 다음 대한민국의 국가무형문화재 명칭을 〈보기〉에서 찾아 해당 번호를 답안지에 적으시오(번호).

3-1) 제17호 ··· (   )
3-2) 제27호 ··· (   )
3-3) 제47호 ··· (   )

• 보기 •
① 경기민요   ② 고성오광대   ③ 궁시장   ④ 봉산탈춤   ⑤ 승무

04 다음 책 제목의 ISBN을 〈보기〉에서 찾아 해당 번호를 답안지에 적으시오(번호).

4-1) 식당 골라주는 남자 ………………………………………………………… (   )
4-2) 힘 있는 말하기 ……………………………………………………………… (   )
4-3) 엄마도 학부모는 처음이야 ………………………………………………… (   )

• 보기 •
① 9791187444046   ② 9788952777591   ③ 9788947541633
④ 9791160500585   ⑤ 9791187059165

05 다음 노벨문학상 수상 작가를 〈보기〉에서 찾아 해당 번호를 답안지에 적으시오(번호).

5-1) 1985년 노벨문학상 …………………………………………………………… (   )
5-2) 2008년 노벨문학상 …………………………………………………………… (   )
5-3) 2014년 노벨문학상 …………………………………………………………… (   )

• 보기 •
① 앨리스 먼로   ② 클로드 시몽   ③ 귄터 그라스
④ 파트리크 모디아노   ⑤ 장마리 귀스타브 르 클레지오

06 제37회 청룡영화제 수상작품명을 〈보기〉에서 찾아 해당 번호를 답안지에 적으시오(번호).

6-1) 음악상 ………………………………………………………………………… (   )
6-2) 미술상 ………………………………………………………………………… (   )
6-3) 단편영화상 …………………………………………………………………… (   )

• 보기 •
① 아가씨   ② 내부자들   ③ 곡성   ④ 여름밤   ⑤ 아수라

07 다음 2016년 아카데미상(미국 영화 시상식)의 수상자를 〈보기〉에서 찾아 해당 번호를 답안지에 적으시오(번호).

7-1) 감독상 ……………………………………………………………… (   )
7-2) 남우주연상 …………………………………………………………… (   )
7-3) 남우조연상 …………………………………………………………… (   )

• 보기 •
① 레오나르도 디카프리오   ② 덴절 워싱턴   ③ 마크 라이런스
④ 알레한드로 곤잘레스 이냐리투   ⑤ 마크 플랫

08 다음 고은(Ko Un) 시인의 문학상 수상연도를 〈보기〉에서 찾아 해당 번호를 답안지에 적으시오(번호).

8-1) Lifetime Achievement Prize, Griffin Fund for Excellence in Poetry, Canada
(캐나다 그리핀 트러스트상) ……………………………………… (   )
8-2) 6th North-South International Literature Prize, Pescara, Italy
(이탈리아 국제시문학상) ………………………………………… (   )
8-3) Swedish Literary Prize "the Cikada Prize"(스웨덴 문학상) …………… (   )

• 보기 •
① 2006년   ② 2008년   ③ 2012년   ④ 2014년   ⑤ 2017년

09 공항철도 일반열차 구간의 요금(일반(성인), 선·후불 교통카드 기준)을 〈보기〉에서 찾아 해당 번호를 답안지에 적으시오(번호).

9-1) 계양역 - 김포공항역 ………………………………………………… (   )
9-2) 공덕역 - 운서역 …………………………………………………… (   )
9-3) 영종역 - 청라국제도시역 ………………………………………… (   )

• 보기 •
① 900원   ② 1,250원   ③ 2,650원   ④ 3,150원   ⑤ 4,150원

10 다음 국가의 통화 단위를 〈보기〉에서 찾아 해당 번호를 답안지에 적으시오(번호).

10-1) 아랍에미리트 ·· (   )
10-2) 파키스탄 ·· (   )
10-3) 이스라엘 ·· (   )

- 보기 -
① 디나르(dinar)   ② 디르함(dirham)   ③ 루피(rupee)   ④ 포린트(forint)   ⑤ 셰켈(shekel)

11 다음 사적 문화재 지정번호에 해당하는 문화재의 이름을 〈보기〉에서 찾아 해당 번호를 답안지에 적으시오(번호).

11-1) 사적 제117호 ··· (   )
11-2) 사적 제122호 ··· (   )
11-3) 사적 제124호 ··· (   )

- 보기 -
① 창덕궁   ② 덕수궁   ③ 창경궁   ④ 경복궁   ⑤ 종묘

12 제18회 전주국제영화제 수상작을 〈보기〉에서 찾아 해당 번호를 답안지에 적으시오(번호).

12-1) 국제경쟁 대상 ··· (   )
12-2) 한국경쟁 대상 ··· (   )
12-3) 한국단편경쟁 대상 ··· (   )

- 보기 -
① 인 비트윈   ② 폭력의 씨앗   ③ 샘   ④ 가까이   ⑤ 라이플

유형 03 일반검색 II

문항	배점	출제기준
2문항 출제 (문제 4~5)	각 50점	• 인터넷 및 웹과 관련된 일반/전문용어 검색 • 각종 통계 자료의 검색을 통해 정답을 기술하는 문제

기출 유형 미리보기

■ 일반검색 II

각 50점

문제 4 온라인상에서 타인에게 미치는 영향력의 정도를 표현한 것으로, 개인의 소셜 네트워크 서비스(SNS)를 포함한 온라인 활동과 다양한 주제에 대한 영향력을 평가해 숫자로 반영한 것을 의미하는 용어를 검색하시오(정답, URL).

문제 5 2014년 2월부터 5개월간 달러당 76원이나 내렸던 원-달러환율이 7월 3일 최저점을 기록한 이후 다시 상승세를 이어갔다. 한국은행 고시 종가기준으로 2014년 7월 3일의 미국 달러화(USD)에 대한 최종 매매기준율(원/달러(종가))을 검색하시오(정답).

ITQ 시험에서는...

• 일반검색 II 의 문제4 정답 및 URL(정답을 확인할 수 있는 최종 URL 기재)과 문제5 정답을 답안파일에 정확히 기록해야 합니다.

4	정답	소셜 스코어 또는 Social score
	URL	http://www.etnews.com/glossary/detail.html?t_idx=356

5	정답	1008.50

• 정보 검색은 신뢰성 있는 사이트(공식 웹페이지, 백과사전, 지식사전 등)만을 이용해야 합니다.
• 개인 홈페이지나 블로그, 지식 검색(예 : 지식iN, 위키피디아 등)과 같이 개인의 의견이 들어 있는 사이트, 첨부파일은 정답으로 인정하지 않습니다.
• 일반 정보 검색 중 통계 검색은 다양한 통계 자료가 등록되어 있는 사이트를 이용하여 문제에서 요구하는 정답을 기재하도록 합니다.

01 인터넷 기본/시사상식 검색

기본 지식 및 시사 등 새로운 지식을 습득할 수 있는 문제로 폭넓게 출제가 되고 있으니 최신 이슈 등 관련 내용을 알아 둡니다.

01 검색 사이트에서 정보 검색하기

문제 4 온라인상에서 타인에게 미치는 영향력의 정도를 표현한 것으로, 개인의 소셜 네트워크 서비스(SNS)를 포함한 온라인 활동과 다양한 주제에 대한 영향력을 평가해 숫자로 반영한 것을 의미하는 용어를 검색하시오(정답, URL).

❶ 문제에서 검색할 핵심 단어나 문구를 찾은 후 검색 사이트(www.naver.com)를 이용해 검색하도록 합니다.

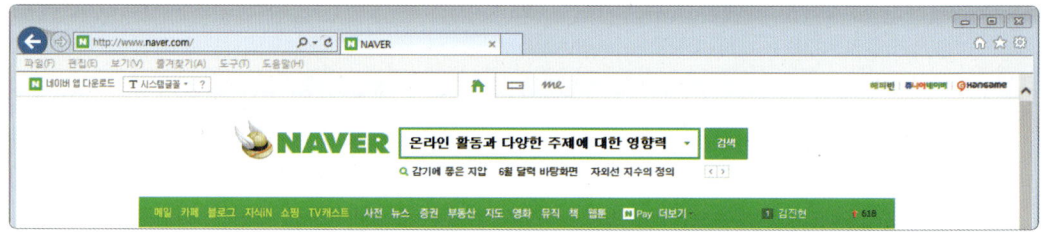

❷ 검색결과를 확인하여 정확한 정답이 맞는지 확인합니다.

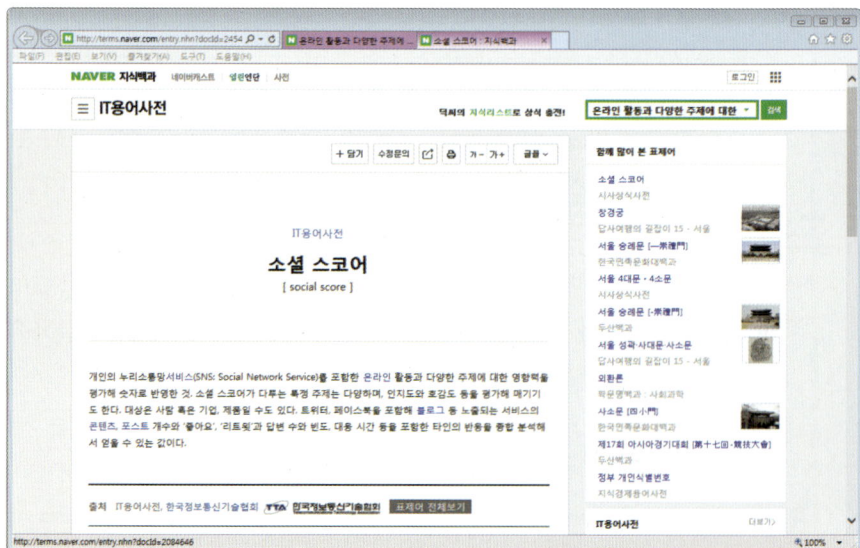

02 답안 파일에 URL과 정답 작성하기

❶ 정확한 URL을 알아보기 위해 마우스 오른쪽 단추를 눌러 [속성] 메뉴를 선택합니다.

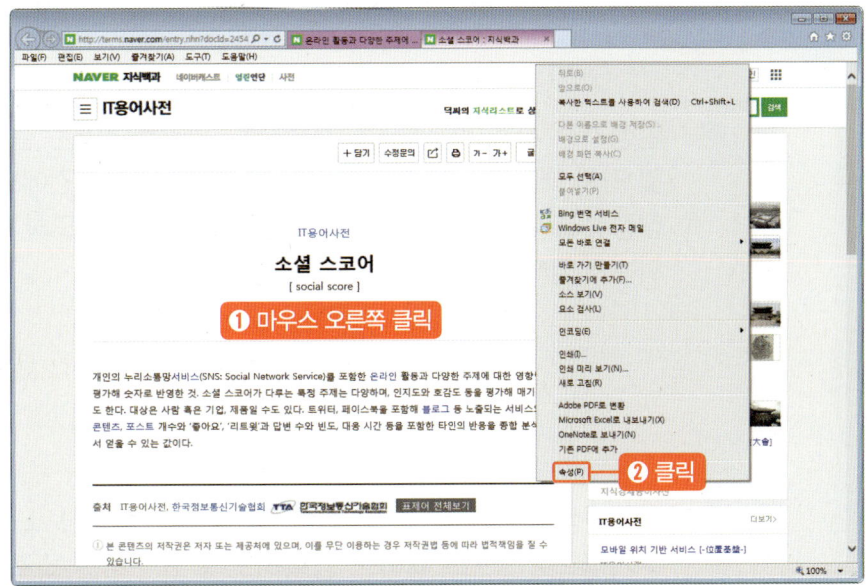

❷ [등록 정보] 대화상자가 나타나면 주소(URL) 부분을 마우스로 드래그하여 블록을 지정하고 마우스 오른쪽 단추를 눌러 [복사] 메뉴를 선택합니다.

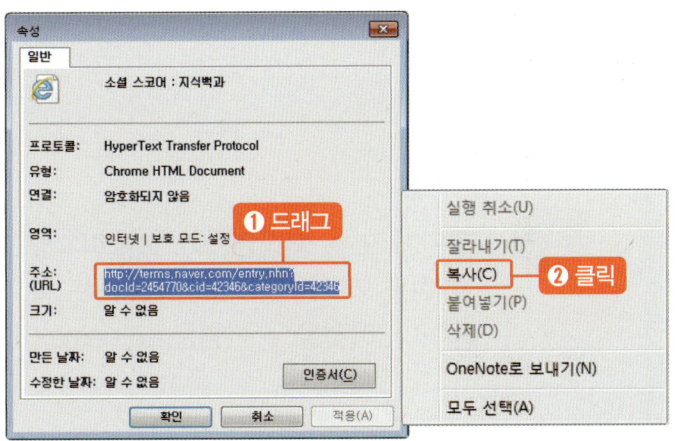

❸ 답안 파일의 URL 란에서 마우스 오른쪽 단추를 누른 후 [붙이기] 메뉴를 선택합니다. 정답 란에 "소셜 스코어"를 적어 넣습니다.

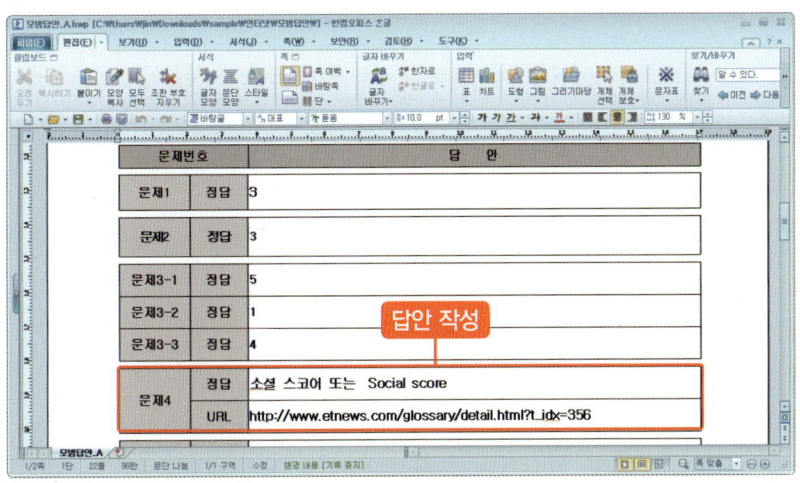

유형 03 기출 유형 따라잡기

01 일정기간 사용 후 대금을 지불하는 셰어웨어와는 달리 상용 소프트웨어 버전에서 몇 가지 핵심 기능을 제거한 채 배포되며, 사용 기간에도 제약이 없는 소프트웨어이다. 잠정적 고객에게 견본 제품을 제공하여 판매를 유도하기 위한 것으로 이것을 <u>무엇</u>이라 하는지 검색하시오(정답, URL).

02 인터넷상에서 동의 없이 컴퓨터에 침입하는 악성 소프트웨어의 하나로 사용자에게 주기적으로 소프트웨어를 등록하도록 요구하는 소프트웨어이다. 정식으로 등록되지 않은 소프트웨어라는 것을 화면에 표시하도록 만든 이것을 <u>무엇</u>이라 하는지 검색하시오(정답, URL).

03 출판자 또는 저작권자가 그들이 배포한 디지털 자료나 하드웨어의 사용을 제어하고 이를 의도한 용도로만 사용하도록 제한하는 데 사용되는 모든 기술들을 지칭하는 용어다. 이것을 <u>무엇</u>(영문 full name)이라 하는지 검색하시오(정답, URL).

04 데이터 은폐 기술 중 하나로 전달하려는 기밀 정보를 이미지 파일이나 MP3 파일 등에 암호화해 숨기는 기술을 <u>무엇</u>(영문)이라 하는지 검색하시오(정답, URL).

05 사전에 공격 대상에 대한 정보를 수집한 후 방문할 가능성이 있는 합법적 웹사이트를 미리 감염시킨 뒤 잠복하면서 피해자의 컴퓨터에 악성코드를 추가로 설치하는 공격을 <u>무엇</u>이라 하는지 검색하시오(정답, URL).

06 기기 간 데이터 전송을 위한 USB 케이블 단자의 위아래가 동일한 24핀의 USB로 삼성전자의 갤럭시노트7과 LG전자의 G6에서 이 방식을 적용하고 있다. 이것은 <u>무엇</u>인지 검색하시오(정답, URL).

07 발광 다이오드(LED)에서 나오는 빛의 파장을 이용하여 정보를 전달하는 가시광 통신(VLC; Visible Light Communication) 기술의 보조 방식으로 보안성이 뛰어나고, 인체에도 해가 없으며, 허가도 필요 없지만 거리와 전송용량에 제약이 있다. 이것은 <u>무엇</u>인지 검색하시오(정답, URL).

08 프로그램, 문서, 웹사이트 등에서 사용자의 탐색 경로를 시각적으로 제공해 주는 그래픽 사용자 인터페이스로 헨젤과 그레텔 동화에서 자취를 남기기 위해 떨어뜨린 빵부스러기에서 이름을 인용하였다. 이것을 <u>무엇</u>(영문 full name)이라 하는지 검색하시오(정답, URL).

 **02 통계 검색**

웹 사이트를 이용해 다양한 통계 자료를 검색하여 [문제5]에서 요구하는 수치, 통계 등에 대한 정답을 기재합니다.

01 검색 사이트에서 정보 검색하기

문제 5 2014년 2월부터 5개월간 달러당 76원이나 내렸던 원-달러환율이 7월 3일 최저점을 기록한 이후 다시 상승세를 이어갔다. 한국은행 고시 종가기준으로 2014년 7월 3일의 미국 달러화(USD)에 대한 <u>최종 매매기준율</u>(원/달러(종가))을 검색하시오(정답).

❶ 문제에서 검색할 핵심 단어('한국은행 경제통계시스템')를 찾은 후 검색 사이트(www.naver.com)를 이용해 검색하도록 합니다.

 내공 빵빵

- 인터넷통계정보시스템(isis.kisa.or.kr)
- 국가통계포털(kosis.kr)
- 한국은행 경제통계시스템(ecos.bok.or.kr)
- 교육통계서비스(cesi.kedi.re.kr)
- 기상청 날씨누리(www.kma.go.kr)

❷ 해당 사이트에서 문제에서 제시한 조건을 찾을 수 있는 검색 웹으로 이동합니다.

❸ 정확한 정답을 위해 문제에서 제시한 조건에 맞는 분류를 선택하여 조회합니다.

| 조건 |
① 원화/미국달러 환율　　　② 원/달러(종가)　　　③ 2014년 7월 3일

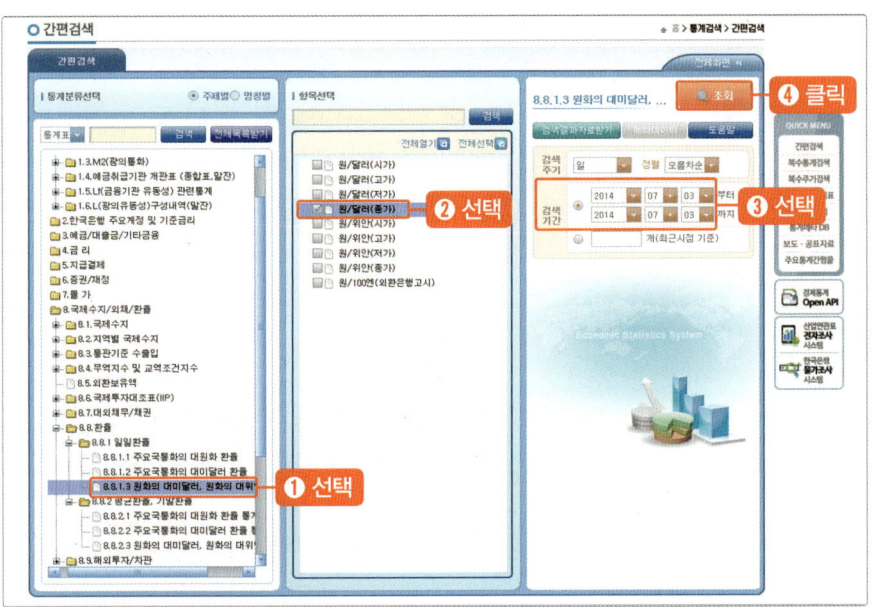

❹ 조회된 정답인 '1008.50'을 정확히 답안에 작성합니다.

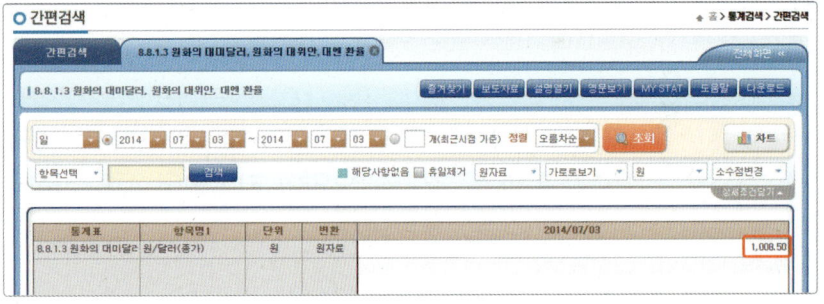

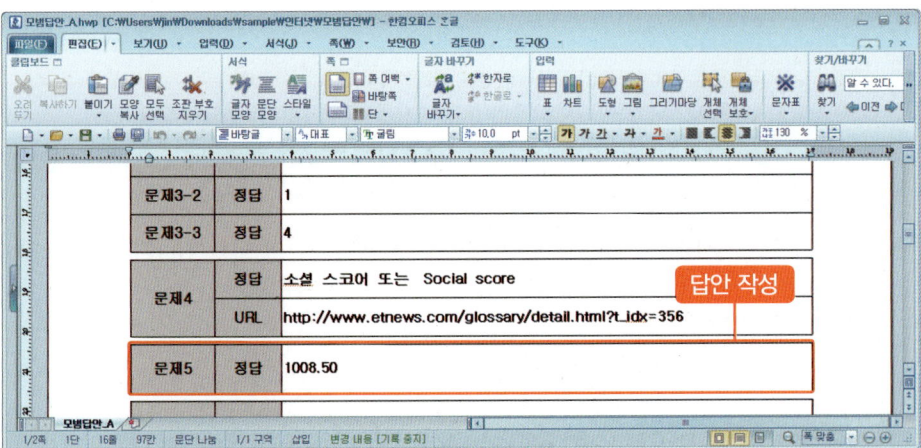

기출 유형 따라잡기

01 조세 부과, 사회보험 적용, 공공요금 책정 등의 기준이 되는 한국표준산업분류(KSIC)가 2007년 9차 개정이후 10년 만에 10차 개정되어 고시하고 올해 7월 1일부터 시행할 계획이다. 이번 개정으로 제조업, 전기업 내 세세분류에 미래 성장산업이 추가됐다. 김치, 도시락류 제조업도 세세분류에 새롭게 추가됐다. 한국표준산업분류(KSIC)에서 현재(9차 개정) 김치제조의 <u>분류코드</u>를 검색하시오(정답).

02 2011년까지 감소세를 보이던 제주특별자치도 서귀포시의 인구는 제주영어 교육도시, 제주혁신도시, 헬스케어타운, 신화역사공원 등 대규모 개발사업에 힘입어 2012년부터 해마다 늘고 있다. 통계청(출처: 행정자치부 주민등록인구현황)에서 2016년 12월 제주특별자치도 <u>총인구수</u>(단위: 명)를 검색하시오(정답).

03 지난 4월 전체 수출 물량 증가에도 불구하고, 반도체·석유화학 수출단가 하락, 중국 경기 둔화 등 경기적 요인이 지속되어 4월 수출이 감소세를 기록했다. 통계청 e-나라지표 수출입동향에서 <u>2019년 4월의 수입액</u>(단위: 억불)을 검색하시오(정답).

04 지난 1월 경북 경주시 남남서쪽 11km 지역에서 지진이 발생했다. 이번 지진은 지난해 9월 12일 발생한 규모 5.8지진 이후 560번째 여진으로 기록됐으며, 2017년 1월 중 가장 강력한 지진이었다. 이 지진의 <u>지진규모</u>(기상청 발표 기준)를 검색하시오(정답).

05 경칩(驚蟄)은 24절기의 하나로, 날씨가 따뜻하여 각종 초목의 싹이 트고 겨울잠을 자던 동물들이 땅 위로 나오려고 꿈틀거린다고 하여 이런 이름이 생겨났다. 기상청 인제 무인관서에서 관측한 2017년 경칩의 <u>일최고기온</u>(단위: ℃)을 검색하시오(정답).

06 통계청은 올해 6월부터는 기존 가계동향 조사를 바탕으로 한 지니계수 산출을 더 이상 하지 않기로 하고 대신 올해 12월부터 가계금융복지 조사를 기반으로 한 '새 지니계수' 를 발표할 계획이다. 통계청(e나라지표) 소득분배(지니계수) – 처분가능소득 기준에서 2015년 <u>지니계수</u>(전체가구(1인 및 농가포함))를 검색하시오(정답).

07 4월의 문을 연 첫날 우리나라 최대의 벚꽃 축제인 진해 군항제에는 벚꽃이 활짝 피었으나 같은 날 강원 산간에는 봄꽃 대신 가지마다 탐스러운 눈꽃을 피웠다. 기상청 강원도 영월 무인관서에서 관측한 2017년 4월 1일 <u>최저기온</u>(단위: ℃)을 검색하시오(정답).

08 전라남도 해남군의 합계출산율(15~49살 가임여성 1명당 평균 출생아 수)은 2011년 1.524명에서, 이듬해 2.470명으로 껑충 뛰어올라 2012년 이후 4년 연속 합계출산율 전국 1위를 기록했다. 통계청 국가통계포털 시군구/합계출산율에서 2015년 해남군 <u>합계출산율</u>(단위: 명)을 검색하시오(정답).

유형 04 가로·세로 정보 검색

문항	배점	출제기준
3문항 출제 (문제 6~8)	각 30점	• 일반 상식 및 초·중·고 학습 과정 안에 포함된 다양한 내용 검색 • 3문제가 퍼즐 형식으로 출제되어 답을 찾아 해결해야 함

기출 유형 미리보기

■ 가로·세로 정보 검색

각 30점

※ 아래 각 문제의 설명을 읽고 가로·세로에 알맞은 단어를 답안에 기재하시오(정답).

문제 6 (세로) 창경궁 월근문 동쪽으로 '국립과학관'이 준공된 이후 창경궁과 담장을 쌓고 창경궁과 과학관 사이에 문이 만들어졌다. 현판에 쓰인 이 문의 이름을 검색하시오.

문제 7 (세로) 예전에, 여러 사람을 모조리 매로 때리는 일을 이르던 말을 검색하시오.

문제 8 (가로) '수레에서 덧방나무와 바퀴가 서로 의지한다.'는 뜻으로, 서로 도와서 의지하는 깊은 관계를 이르는 말의 사자성어를 검색하시오.

ITQ 시험에서는...

- 가로·세로 정보 검색은 3문제가 출제되고 있으며, 배점은 각 30점씩 총 90점입니다.
- 일반 정보 검색(4번, 5번 문제)과는 달리 답안 파일에 URL은 기재할 필요가 없습니다. 검색을 통해 찾은 정답을 정확히 기재하도록 합니다.

유형잡기 01 가로·세로 정보 검색

초·중·고 교과과정 학습 과목과 관련 있는 내용 및 각종 일반 상식에 해당하는 문제가 퍼즐 형식으로 출제되고 있습니다.

01 검색 사이트에서 정보 검색하기

문제 6 (세로) 창경궁 월근문 동쪽으로 '국립과학관'이 준공된 이후 창경궁과 담장을 쌓고 창경궁과 과학관 사이에 문이 만들어졌다. 현판에 쓰인 이 문의 이름을 검색하시오.

❶ 정확한 정답을 위해 문제에서 제시한 조건에 맞는 분류를 선택하여 조회합니다.

❷ 신뢰성 있는 사이트에서 조건에 해당하는 정답을 찾습니다.

| 조건 |
- 월근문 동쪽 창경궁과 과학관 사이에 만들어진 문의 현판에 쓰인 문의 이름

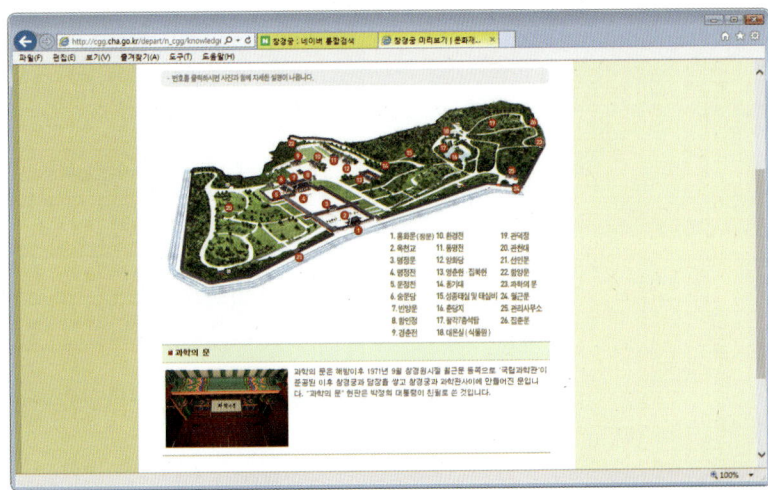

❸ 검색으로 조건에 해당하는 정답을 찾았다면 답안 파일의 정답 란에 정답 "과학의 문"을 적어 넣습니다.

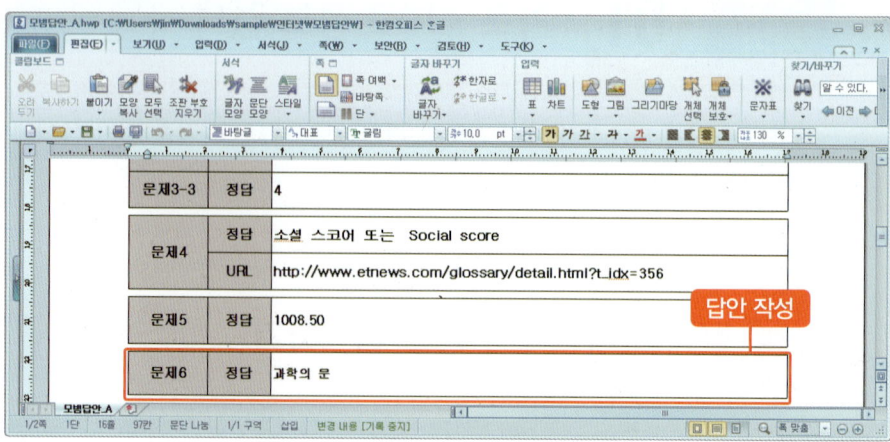

❹ 차례대로 7번, 8번 문제도 검색 사이트를 이용해 검색한 후 정답을 찾아 답안 파일에 정답을 기재하도록 합니다.

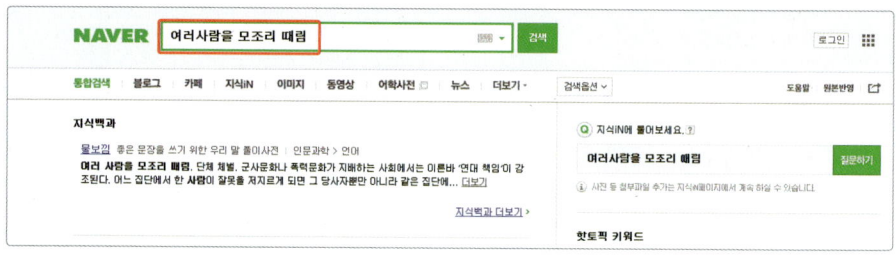

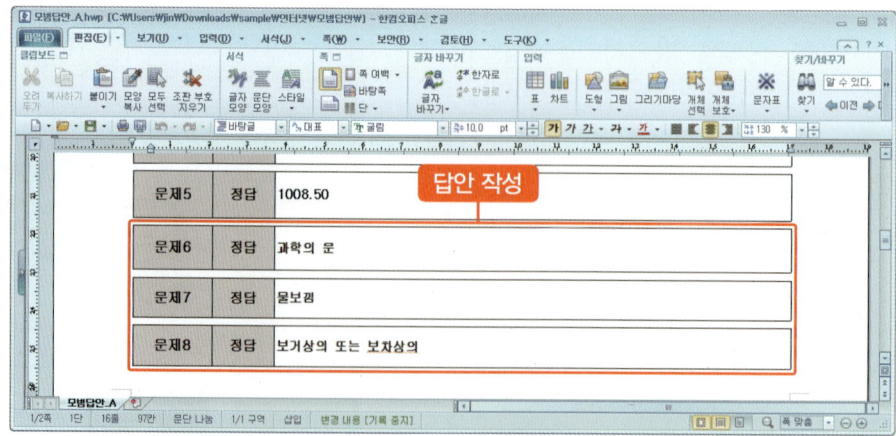

기출 유형 따라잡기

01 아래 각 문제의 설명을 읽고 가로·세로에 알맞은 단어를 답안에 기재하시오(정답).

❶ (세로) '성미가 침착하지 못하고 덜렁대는 사람'을 이르는 <u>우리말</u>을 검색하시오.

❷ (가로) 효자가 죽은 부모를 너무 슬피 사모하여 병이 나고 혹은 죽음을 뜻하는 <u>사자성어</u>를 검색하시오.

❸ (세로) 1900년에 제작된 덕수궁 평면도를 통해서 현재의 덕홍전 자리에 명성 황후의 신위를 모시던 혼전(魂殿)이 있었음을 확인할 수 있다. 이 혼전의 <u>이름</u>을 검색하시오.

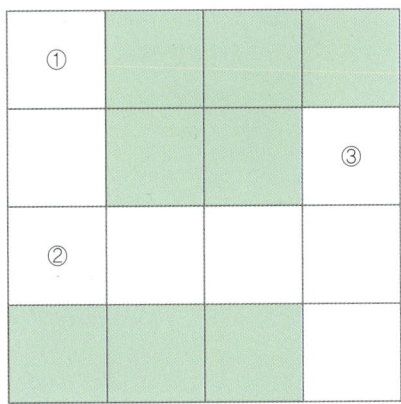

02 아래 각 문제의 설명을 읽고 가로·세로에 알맞은 단어를 답안에 기재하시오(정답).

❶ (세로) '은근히 동정하는 마음'을 이르는 <u>우리말</u>을 검색하시오.

❷ (가로) '이리 새끼는 사람이 길들이려고 해도 본래의 야성 때문에 좀체 길들여지지 않는다'는 말로서, 흉포한 사람이나 신의가 없는 사람은 쉽게 교화시킬 수 없음을 이르는 <u>사자성어</u>를 검색하시오.

❸ (세로) 저절로 말라 죽은 소나무를 <u>무엇</u>이라 하는지 검색하시오.

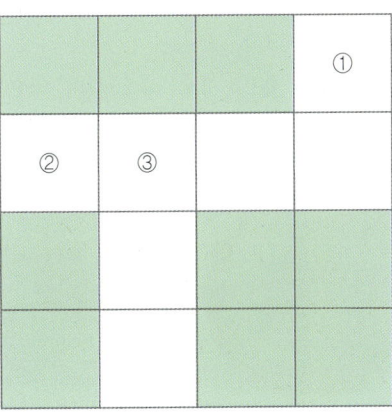

03 아래 각 문제의 설명을 읽고 가로 · 세로에 알맞은 단어를 답안에 기재하시오(정답).

❶ (세로) '돌고기의 새끼'를 이르는 우리말을 검색하시오.

❷ (가로) 누구에게나 늘 좋은 낯으로 대하며, 무사태평(無事太平)한 사람을 일컫는 사자성어를 검색하시오.

❸ (세로) 대한제국 광무 6년에 평양에 지은 고종황제의 이궁으로 이후에 동인의원으로 용도가 바뀌어 사용되었다. 이 궁의 이름을 검색하시오.

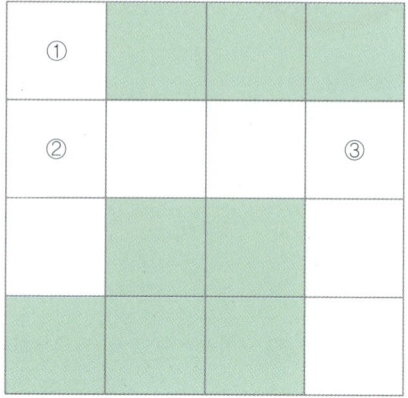

04 아래 각 문제의 설명을 읽고 가로 · 세로에 알맞은 단어를 답안에 기재하시오(정답).

❶ (세로) '밥을 먹을 때에 숟가락을 적시는 것'이라는 뜻으로, 국, 찌개와 같이 국물이 있는 음식을 이르는 우리말을 검색하시오.

❷ (세로) 조선시대 초상화 화가로 유명한 이재관이 그린 초상화로 오사모를 쓰고 분홍 시복을 입은 정면 반신상으로 배경은 없다. 국가지정 보물문화재로 지정되어 있고 국립중앙박물관(서울 용산구)에 소장되어 있는 이 초상화의 인물은 누구인지 성명을 검색하시오.

❸ (가로) '귀로 들어온 것을 마음속에 붙인다'라는 뜻으로, 들은 것을 마음속에 간직하여 잊지 않음을 의미하는 사자성어를 검색하시오.

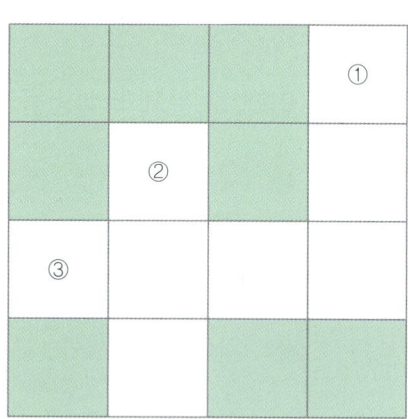

05 아래 각 문제의 설명을 읽고 가로·세로에 알맞은 단어를 답안에 기재하시오(정답).

❶ (세로) 조선 시대에 주로 내전 침실의 등불 켜기, 불 때기, 담뱃대·재떨이의 청소 따위의 잡일을 맡아보던 곳을 무엇이라 했는지 검색하시오.

❷ (가로) '귀밑머리를 풀어 쪽을 찌고 상투를 튼 부부'라는 뜻으로, 정식으로 결혼한 부부를 이르는 사자성어를 검색하시오.

❸ (세로) '어떤 일이나 물건 따위가 아주 망가져서 도무지 손을 쓸 수 없게 된 상태'를 이르는 우리말을 검색하시오.

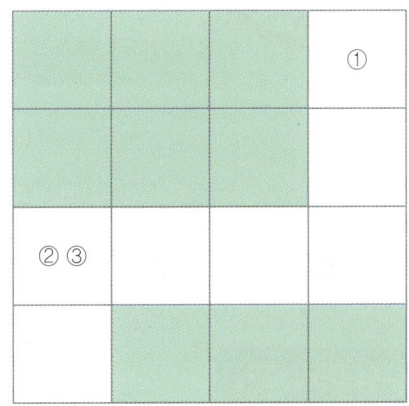

06 아래 각 문제의 설명을 읽고 가로·세로에 알맞은 단어를 답안에 기재하시오(정답).

❶ (세로) '부끄러운 줄도 모르고 뻔뻔한 데가 있는 모양'을 이르는 우리말을 검색하시오.

❷ (세로) 고구려 때 있었던 관직의 하나로, 작은 성의 우두머리를 이른다. 이 관직의 이름을 검색하시오.

❸ (가로) '마음이 넓고 자유로워 사물에 구애되지 않는다'라는 뜻으로, 남의 언동을 받아들이려 하는 마음의 준비가 있어 인간적이고 의지할 만함을 이르는 사자성어를 검색하시오.

유형 05 실용검색

문항	배점	출제기준
3문항 출제 (문제 9~11)	각 50점	• 특정 이미지 파일을 검색하여 찾은 후 캡처하여 답안으로 제출하는 문제 • 실생활에서 많이 사용되는 사이트 및 검색 관련 문제

기출 유형 미리보기

■ 실용검색

각 50점

문제 9 길찾기 서비스(포털 및 전문 검색사이트)를 이용하여 신촌역(경의선) 출구에서 연세대학교 신촌캠퍼스 정문을 도보로 가는 경로를 찾아 전체화면을 캡처하여 답안 파일에 붙여 넣으시오. (이미지 크기 150mm x 100mm)

문제 10 제17회 인천아시아경기대회 기념우표가 지난 7월 31일 발행되었다. 우표 디자인 소재로 사용된 스포츠 종목(5개)의 이름을 검색하시오(정답).

문제 11 해외 인터넷 쇼핑을 이용하여 물품을 구매할 경우 구매대행업체나 특송업체에서는 세관에서 요구한다는 이유로 주민등록번호를 수집하여 왔으나 관세청에서는 개인정보보호를 위하여 2011년 12월부터 주민등록번호 대체수단인 제도를 운용해 오고 있다. 이 제도의 이름을 검색하시오(정답).

ITQ 시험에서는...

• 이미지 파일을 답안 파일에 삽입한 후 반드시 조건에 지정된 크기로 변경해야 합니다.
  – 삽입한 이미지를 더블클릭한 후 [개체 속성] 대화상자-[기본] 탭에서 크기 변경

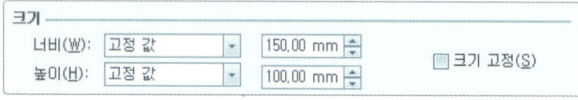

• 이미지의 개체 속성으로 '문서에 포함'이 반드시 지정되어 있어야 합니다.
  – 문서에 포함 : [개체 속성] 대화상자-[그림] 탭에서 확인을 정확히 기재하도록 합니다.

• 만약 복사한 이미지에 불필요한 부분이 있다면 〈출력형태〉와 같도록 이미지를 잘라냅니다.
  – 방법 1 : 그림이 선택된 상태에서 Shift +드래그를 이용합니다.
  – 방법 2 : [그림] 도구 모음에서 '자르기()' 도구를 이용합니다.

01 지도 검색

특정 이미지 파일을 검색한 후 답안으로 제출하는 문제입니다. 텍스트 검색에만 국한하지 않고 다양한 콘텐츠를 검색할 수 있는 능력을 평가합니다.

01 지도 검색하기

문제 9 길찾기 서비스(포털 및 전문 검색사이트)를 이용하여 신촌역(경의선) 출구에서 연세대학교 신촌캠퍼스 정문을 도보로 가는 경로를 찾아 전체화면을 캡처하여 답안 파일에 붙여 넣으시오. (이미지 크기 150mm x 100mm)

① 각 포털 사이트에서 제공하는 지도를 이용해 길찾기를 합니다.

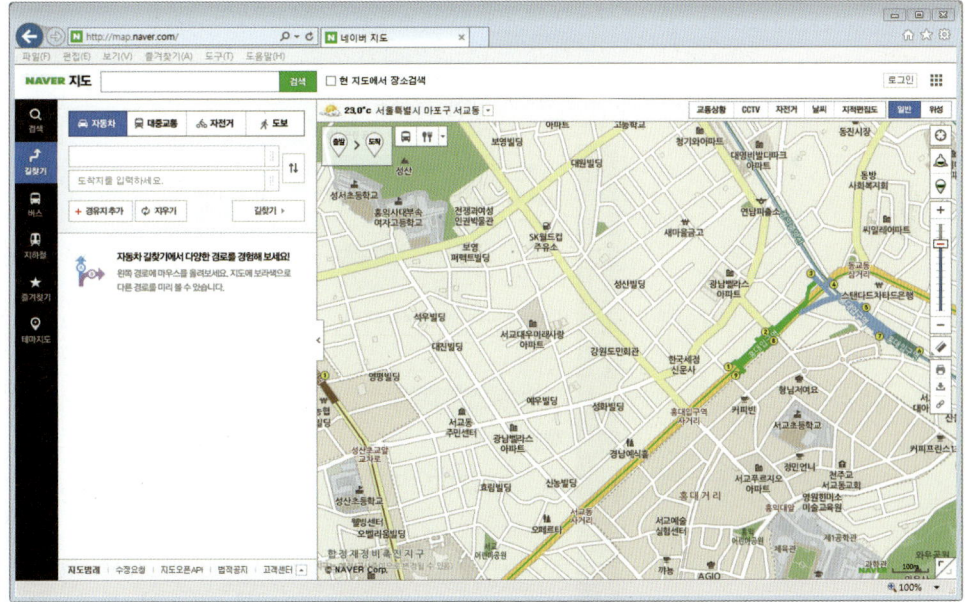

 내공 빵빵

- 네이버 지도(map.naver.com)
- 다음 지도(map.daum.net)

❷ 문제에 제시한 조건을 입력하여 길찾기를 시작합니다.

┃조건┃
① 출발 : 신촌역(경의선) 출구   ② 도착 : 연세대학교 신촌캠퍼스 정문   ③ 검색 : 도보

❸ 결과가 화면에 출력되면 Print Screen 키를 눌러 이미지를 캡처합니다.

이미지 검색 문제는 일반적으로 지하철 노선도, 도보 등 길찾기 문제가 출제되고 있습니다.

02 답안 작성하기

❹ 정답 란에서 Ctrl+V를 눌러 캡처한 이미지를 붙여 넣습니다.

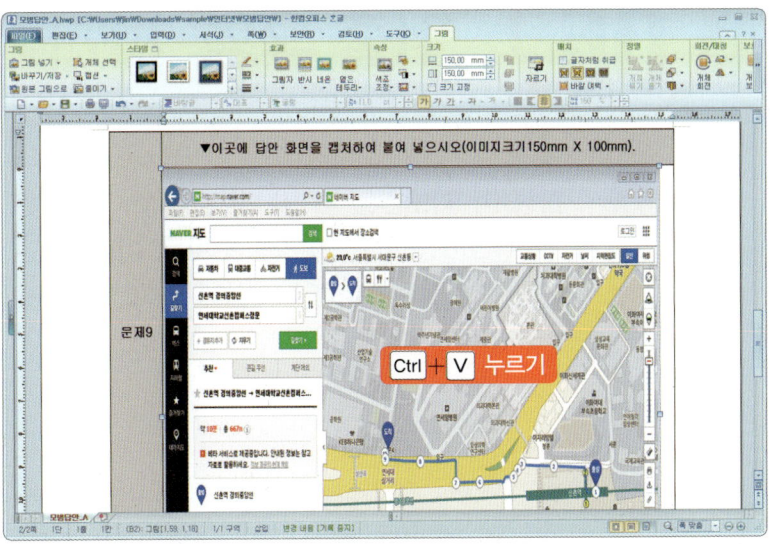

❺ 그림이 선택된 상태에서 Shift+드래그를 이용하여 필요 없는 부분을 삭제하고 이미지를 더블클릭한 후 [개체 속성] 대화상자-[기본] 탭에서 조건에 해당하는 너비와 높이를 지정합니다.

| 조건 |
- 이미지 크기 150mm x 100mm

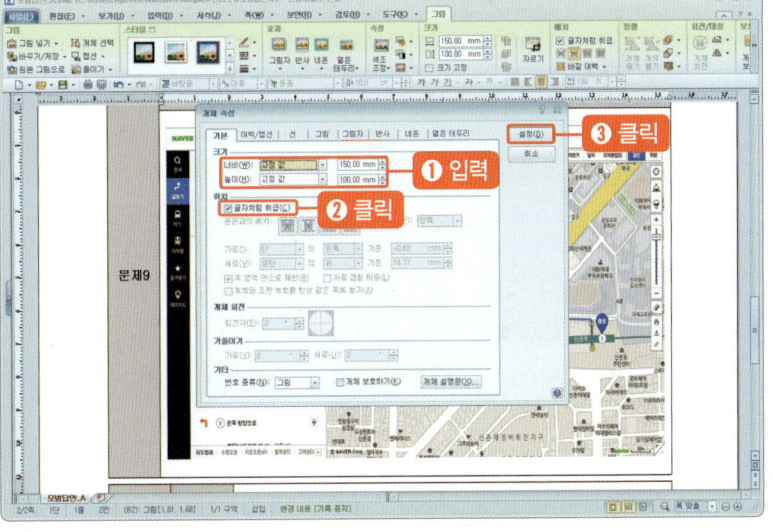

❻ [개체 속성] 대화상자-[그림] 탭을 선택하여 '문서에 포함'이 선택되어 있는지 확인합니다.

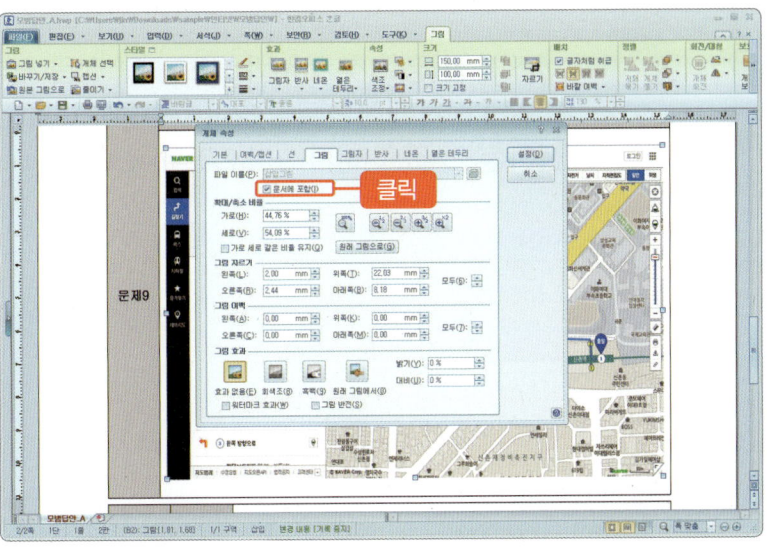

유형 05 _ 실용검색 **045**

유형 05 기출 유형 따라잡기

01 길 찾기 서비스(포털 및 전문 검색사이트)를 이용하여 대구 대명역 1번 출구에서 대구문화예술회관 입구를 도보로 가는 지도 경로를 찾아 전체화면(경로 검색화면 포함)을 캡처하여 답안 파일에 붙여 넣으시오(이미지 크기 150mm x 100mm).

02 버스 노선 경로 찾기 서비스(포털 및 전문 검색사이트)를 이용하여 대전광역시 617(간선)번 버스의 전체 노선 경로를 찾아 전체화면(번호 검색화면 포함)을 캡처하여 답안 파일에 붙여 넣으시오(이미지 크기 150mm x 100mm).

03 길 찾기 서비스(포털 및 전문 검색사이트)를 이용하여 서울 서초역 4번 출구에서 효령대군묘를 도보로 가는 지도 경로를 찾아 전체화면(경로 검색화면 포함)을 캡처하여 답안 파일에 붙여 넣으시오(이미지 크기 150mm x 100mm).

04 버스 노선 경로 찾기 서비스(포털 및 전문 검색사이트)를 이용하여 인천510(지선)번 버스의 전체 노선 경로를 찾아 전체화면(번호 검색화면 포함)을 캡처하여 답안 파일에 붙여 넣으시오(이미지 크기 150mm x 100mm).

05 길 찾기 서비스(포털 및 전문 검색사이트)를 이용하여 서울 덕성여자고등학교 정문에서 헌법재판소 입구를 도보로 가는 지도 경로를 찾아 전체화면(경로 검색화면 포함)을 캡처하여 답안 파일에 붙여 넣으시오(이미지 크기 150mm x 100mm).

06 버스 노선 경로 찾기 서비스(포털 및 전문 검색사이트)를 이용하여 수원310(일반)번 버스의 전체 노선 경로를 찾아 전체화면(번호 검색화면 포함)을 캡처하여 답안 파일에 붙여 넣으시오(이미지 크기 150mm x 100mm).

07 버스 노선 경로 찾기 서비스(포털 및 전문 검색사이트)를 이용하여 군산43(일반)번 버스의 전체 노선 경로를 찾아 전체화면(번호 검색화면 포함)을 캡처하여 답안 파일에 붙여 넣으시오(이미지 크기 150mm x 100mm).

08 길 찾기 서비스(포털 및 전문 검색사이트)를 이용하여 과천시청에서 안양시청을 자동차로 가는 지도 경로를 찾아 전체화면(길 찾기 검색화면 경로 포함)을 캡처하여 답안 파일에 붙여 넣으시오(이미지 크기 150mm x 100mm).

유형잡기 02 정보 검색

실생활에서 자주 사용하거나 찾게 되는 내용을 검색하여 답안을 제출하는 문제입니다. 관련 사이트에서 정확한 정보를 찾는 것이 중요합니다.

01 검색 사이트에서 정보 검색하기

문제 10 제17회 인천아시아경기대회 기념우표가 지난 7월 31일 발행되었다. 우표 디자인 소재로 사용된 스포츠 종목(5개)의 이름을 검색하시오(정답).

문제 11 해외 인터넷 쇼핑을 이용하여 물품을 구매할 경우 구매대행업체나 특송업체에서는 세관에서 요구한다는 이유로 주민등록번호를 수집하여 왔으나 관세청에서는 개인정보보호를 위하여 2011년 12월부터 주민등록번호 대체수단인 제도를 운용해 오고 있다. 이 제도의 이름을 검색하시오(정답).

① 문제에서 검색할 핵심 단어나 문구를 찾은 후 검색 사이트(www.naver.com)를 이용해 검색하도록 합니다.

② 한국우표포털서비스 홈페이지에서 [우표정보]-[한국우표]를 클릭합니다.

❸ 검색창에 '제17회 인천아시아경기대회'를 입력하여 검색을 하면 우표가 검색되어 화면에 보여 집니다.

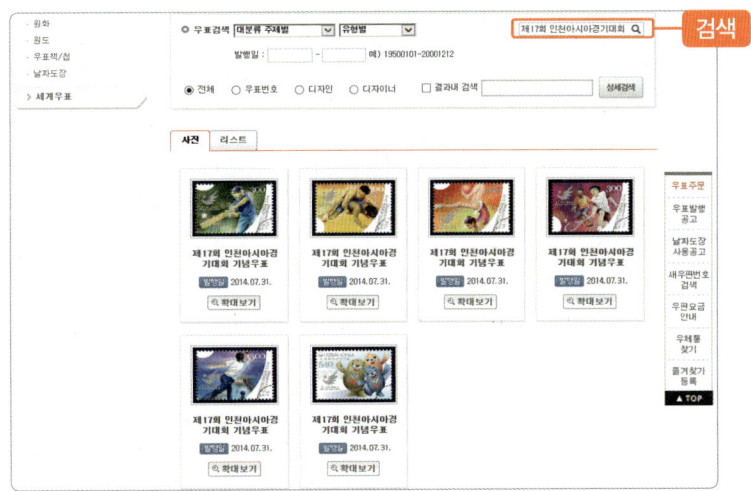

❹ 검색된 각 우표를 클릭하여 해당 정보를 확인하고 정답을 찾아 답안에 정확이 옮겨 작성합니다.

❺ 11번 문제도 검색 사이트를 이용해 검색한 후 정답을 찾아 답안 파일에 기재하도록 합니다.

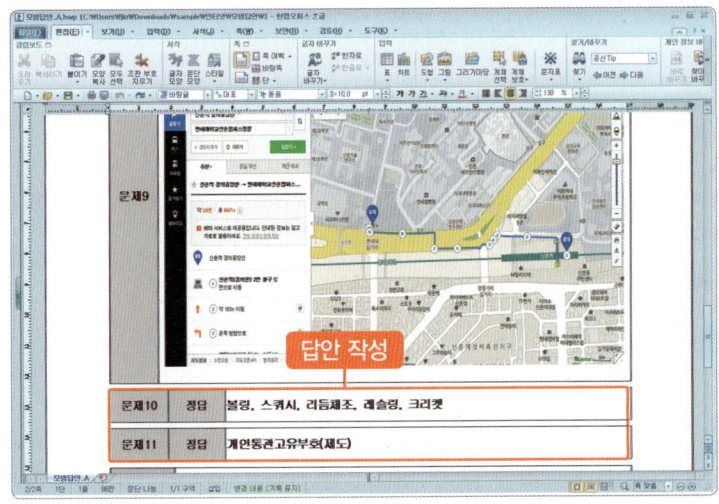

유형 05 _ 실용검색 **049**

유형 05 기출 유형 따라잡기

01 서울시는 서울시민 공통의 기억과 감성을 지닌 근현대 서울의 유산 가운데 미래세대에 남길 만한 가치가 있는 것을 '서울미래유산'으로 지정하고 보전하기 위한 사업을 진행 중이다. 지난 10월 22일에 진행된 '서울미래유산 역사탐방'의 답사주제를 검색하시오(정답).

02 강원도 원주시에는 한국문단의 기념비적인 작품으로 칭송받고 있는 박경리 선생의 대하소설 〈토지〉를 주제로 조성된 박경리문학공원이 있다. 박경리 선생의 옛집을 공원화한 이곳은 소설 〈토지〉의 배경을 활용하여 3개의 테마로 구성되어 있는데 각각의 명칭을 검색하시오(정답).

03 제52호선 광주원주고속도로의 개통으로 서울에서 원주 간 이동이 원활해졌다. 한국도로공사 홈페이지에서 통행요금조회를 찾아 동서울(출발요금소)–둔내(도착요금소) 간 109.5km를 고속도로를 이용할 경우 1종(소형차)으로 구분되는 일반승용차의 통행 요금(현금 정상요금, 단위 : 원)을 검색하시오(정답).

04 365일 만화상상력이 가득한 한국만화박물관이 2017년 정유년(丁酉) 닭의 해를 맞아 기획전시를 하고 있다. 지금(2017년 1월 14일 기준) 한국만화박물관 4층 카툰갤러리에서 전시 중인 전시회의 이름(제목)을 검색하시오.

05 세종문화회관은 2017년 3월부터 2018년 2월까지 열릴 주요 공연일정을 발표했다. 2017년 3월 22일 개막작으로 세종대극장에서 공연되는 작품의 제목을 검색하시오(정답).

06 문화재청은 '월인천강지곡 권상'(月印千江之曲卷上), '평창 월정사 석조보살좌상'(平昌月精寺 石造菩薩坐像) 2건을 국가지정문화재 국보로 지정했다. 새롭게 지정된 국보 문화재 중에서 가장 마지막 번호인 문화재의 소재지(주소)를 검색하시오(정답).

07 서울특별시 성북구 인촌로7길 120에 위치한 돈암동 성당 건물은 1950년대의 고딕양식 교회건축을 대표하는 건물로 서울미래유산으로 지정되어 있다. 이곳과 가장 가까운 버스정류장 번호를 검색하시오(정답).

08 지난 연말 경북 동해안과 내륙을 잇는 상주–영덕 고속도로 개통으로 수도권에서 반나절이 걸리던 영덕은 3시간이면 갈 수 있게 됐다. 한국도로공사 홈페이지에서 통행요금조회를 찾아 남안산(출발요금소)–영덕(도착요금소) 간 316.8km를 고속도로를 이용할 경우 1종(소형차)으로 구분되는 일반승용차의 통행 요금(현금 정상요금, 단위 : 원)을 검색하시오(정답).

09 건축계의 노벨상이라 불리는 프리츠커상(Pritzker Architecture Prize)은 "인류와 건축환경에 일관적이고 의미 있는 기여를 한 생존 건축가를 기린다"는 취지로 1979년 제정됐다. 2017년 프리츠커상 공동 수상자(3명)의 성명을 검색하시오(정답).

10 지난 2013년 8월 30원 인상 이후 4년여 만에 우편요금이 30원씩 올랐다. 현재 국내 일반우편(통상, 규격) 요금은 25g 기준으로 얼마(단위: 원)인지 검색하시오.

유형 06 정보가공

문항	배점	출제기준
1문항 출제 (문제 12)	70점	• 수행평가 및 업무에서 활용 가능한 보고서 형식의 문제 • 앞선 문제들의 최종 종합 문제 형식의 검색 및 답안 작성

기출 유형 미리보기

※ 제시된 주제에 따라 답안을 완성하시오.   각 70점

문제 12 대한민국 국보 제1호 숭례문은 2008년 2월 10일 화재로 인하여 전소되었고, 5년 3개월에 걸친 복구 사업을 완료하고 2013년 개방되었다. 숭례문에 대한 정보를 검색하여 다음의 안내문 내용을 완성하시오.

답안

대한민국 국보 제1호, 숭례문	
(12-1) 숭례문 현판 이미지	(12-2) 숭례문의 <u>위치(주소)와 지정분류</u> (12-3) 숭례문의 <u>국보지정일(연월일)</u> (12-4) <u>서울의 4소문 명칭</u>

ITQ 시험에서는...

- 이미지의 개체 속성으로 '문서에 포함'이 반드시 지정되어 있어야 합니다.
  - 문서에 포함 : [개체 속성] 대화상자–[그림] 탭에서 확인

- 핵심 키워드를 찾아 검색을 하여 정답을 찾습니다.
- 찾아낸 정답을 각 정답을 작성하는 답안 파일에 정확히 입력합니다.

01 이미지 검색

특정 이미지 파일을 검색한 후 답안으로 제출하는 문제입니다.

01 이미지 검색하기

문제 12 −1 숭례문 현판 이미지

① 문제에서 검색할 핵심 단어나 문구를 찾은 후 검색 사이트(www.naver.com)를 이용해 검색합니다.

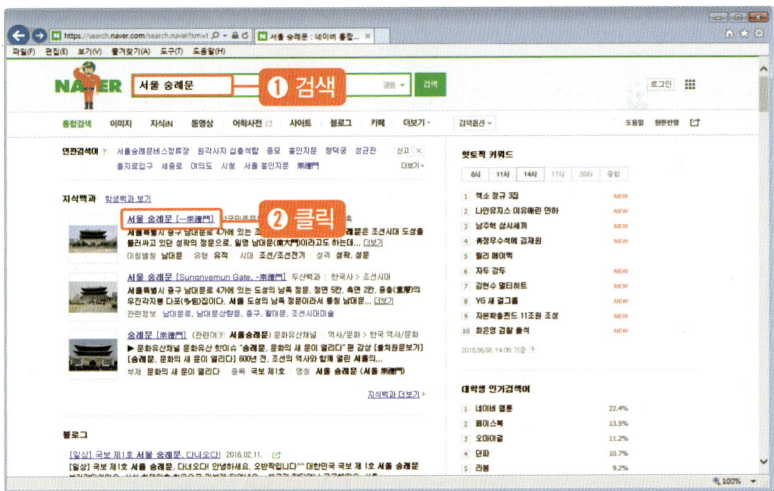

② 관련 이미지에서 '서울 숭례문 현판'을 찾아 해당 이미지에서 마우스 오른쪽 단추−[복사]를 눌러 이미지를 복사합니다.

02 답안 작성하기

① 답안 '(12-1)'에 커서를 두고 Ctrl+V를 눌러 이미지를 붙여 넣은 뒤 알맞은 크기로 수정합니다.

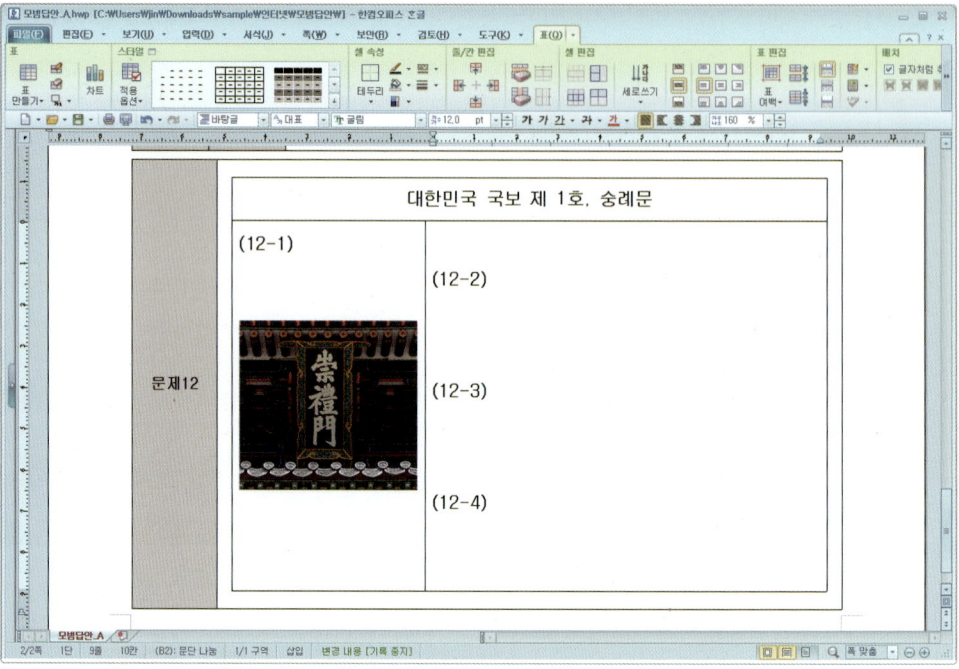

② [개체 속성] 대화상자 - [그림] 탭을 선택하여 '문서에 포함'이 선택되어 있는지 확인합니다.

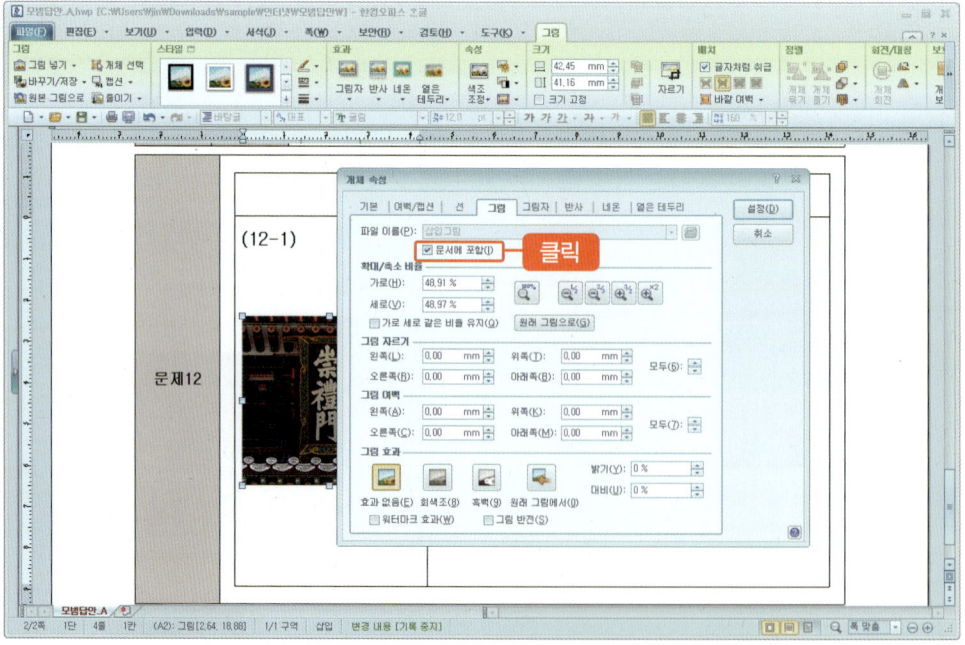

유형잡기 02 정보 가공하기

정보를 검색한 후 특정 내용만 답안으로 제출하는 문제입니다. 문제에서 제시한 정보를 검색한 정보에서 정확하고 빠르게 찾아내야 합니다.

01 정보 검색하기

문제 12
- 2 숭례문의 위치(주소)와 지정분류
- 3 숭례문의 국보지정일(연월일)
- 4 서울의 4소문 명칭

① 문제에서 검색할 핵심 단어나 문구를 찾은 후 검색 사이트(www.naver.com)를 이용해 검색하도록 합니다.

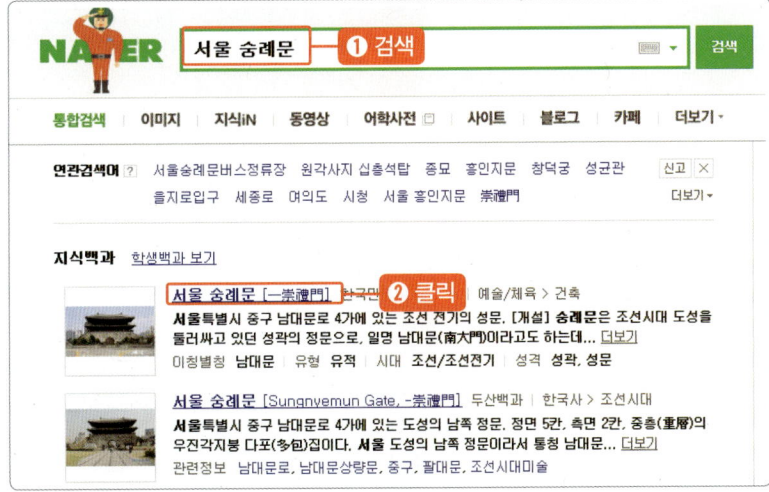

② 문제에서 제시한 조건에 맞는 답안을 찾습니다.

| 조건 |
- 위치(주소)와 지정분류

유형 06 _ 정보가공   055

02 답안 작성하기

❶ 정답을 답안 파일에 정확히 기재하도록 합니다.

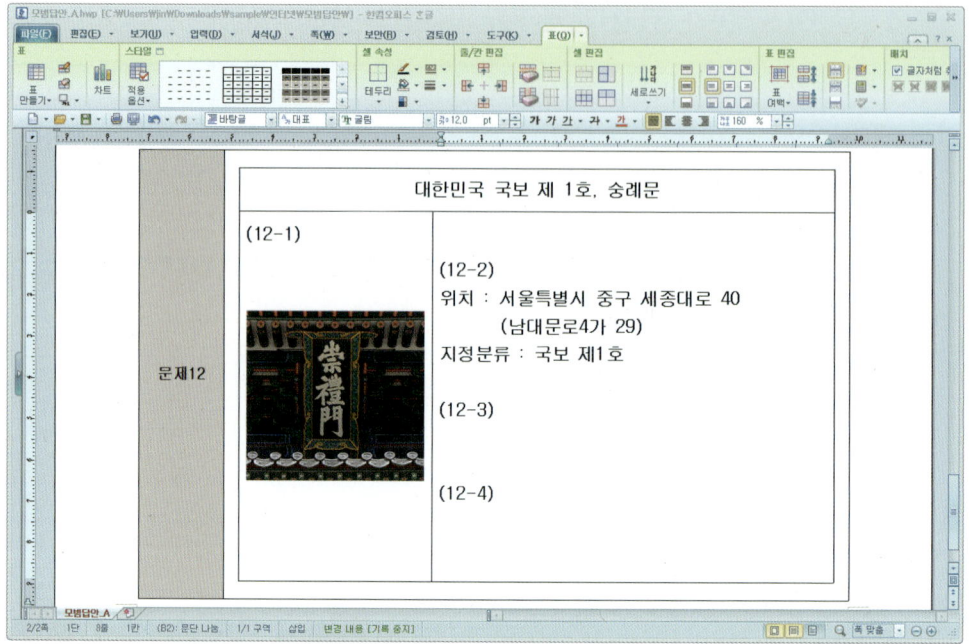

❷ (12-3), (12-4) 문제도 검색 사이트를 이용해 검색한 후 정답을 찾아 답안 파일에 기재하도록 합니다.

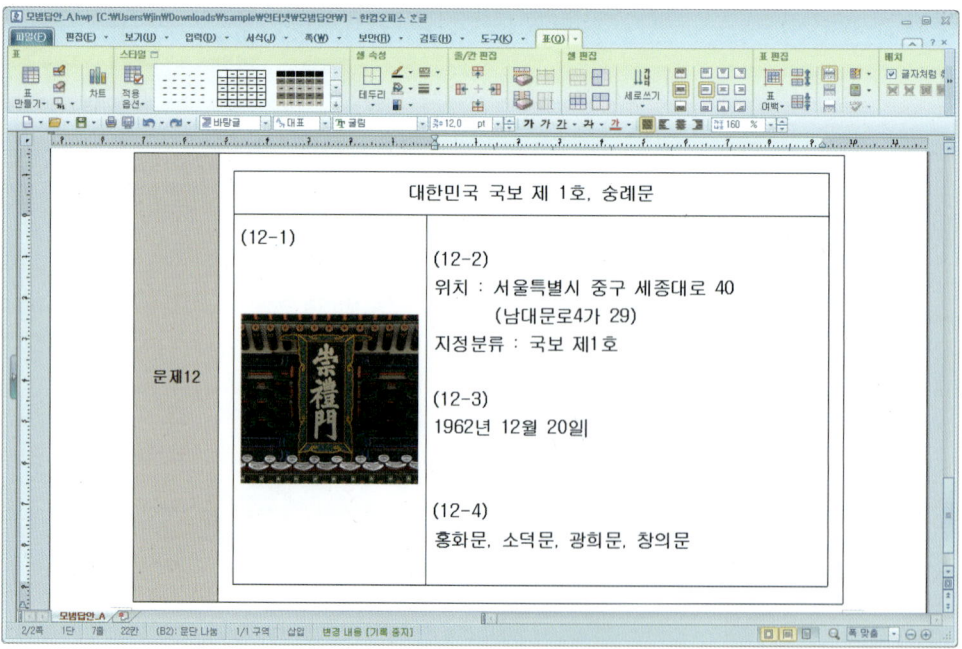

유형 06 기출 유형 따라잡기

01 대한민국에서 열린 국제스포츠대회 중 온 국민을 축구에 대한 열정으로 가득하게 했던 2002년 한일월드컵에 대한 정보를 검색하여 다음의 안내문 내용을 완성하시오.

답안

2002 FIFA 대한민국 · 일본 월드컵 〈새 천년, 새 만남, 새 출발〉	
(1-1) 한일월드컵 엠블럼 이미지	(1-2) 대회 기간(연월일) (1-3) 4강과 3, 4위전 장소(한국의 도시명) (1-4) 4강 진출국

02 선거관리위원회는 중앙, 시·도, 구·시·군, 읍·면·동 선거관리위원회의 4단계로 조직되어 있으며, 대통령선거와 임기만료에 따른 국회의원선거를 실시할 때마다 공관에 한시적으로 재외 선거관리위원회를 설치·운영한다. 선거 및 중앙선거관리위원회에 대한 정보를 검색하여 다음의 안내문 내용을 완성하시오.

답안

중앙선거관리위원회	
(2-1) 중앙선거관리위원회 캐릭터(참참, 바루, 알리) 이미지	(2-2) 중앙선거관리위원회 위원의 구성인원 및 임기 (2-3) 중앙선거관리위원회 도로명 주소(영문표기) (2-4) 2017년 재보궐선거일(상반기)

유형 06 _ 정보가공

03 전주국제영화제는 주류영화와는 다른 도전적이고 독창적인 영화를 발굴하고 적극 소개하면서 내실 있고 차별화된 전 세계 대안 독립영화의 중심 영화제로 자리매김 했다. 2017 전주국제영화제에 대한 정보를 검색하여 다음의 안내문 내용을 완성하시오.

답안

2017 전주국제영화제	
(3-1) 2017 전주국제영화제 공식 포스터(2종) <u>이미지</u>	(3-2) 2017 전주국제영화제 <u>슬로건</u> (3-3) 2017 전주국제영화제 국제경쟁 부문에 초청된 한국인 감독의 <u>작품</u>(제목) (3-4) 전주국제영화제 <u>폐막작</u>(제목)

04 비디오아트를 개척한 세계적인 현대미술가 백남준(1932~2006)의 예술과 삶을 살펴볼 수 있는 '백남준 기념관'이 개관과 더불어 개관전을 열고 있다. 백남준 기념관에 대한 정보를 검색하여 다음의 안내문 내용을 완성하시오.

답안

세계적인 현대미술가 백남준	
(4-1) 서울시립미술관 M.I(MUSEUM IDENTITY) <u>이미지</u>(국문영문조합형)	(4-2) 백남준 기념관 <u>주소</u>(도로명 주소) (4-3) 백남준 기념관 <u>개관전 주제</u> (4-4) 백남준 기념관 <u>개관전 전시기간</u>(연월일)

PART 02

실전모의고사

제 01 회　실전모의고사　　　　제 09 회　실전모의고사
제 02 회　실전모의고사　　　　제 10 회　실전모의고사
제 03 회　실전모의고사　　　　제 11 회　실전모의고사
제 04 회　실전모의고사　　　　제 12 회　실전모의고사
제 05 회　실전모의고사　　　　제 13 회　실전모의고사
제 06 회　실전모의고사　　　　제 14 회　실전모의고사
제 07 회　실전모의고사　　　　제 15 회　실전모의고사
제 08 회　실전모의고사

실전모의고사

과목	코드	문제유형	시험시간	수험번호	성명
인터넷	1152	A	60분		

수험자 유의사항

- 수험자는 문제지를 받는 즉시 **응시하고자 하는 과목의 문제지가 맞는지 확인**하여야 합니다.
- 시험과 직접 관련이 없는 행위 즉, 각종 웹사이트 로그인, 댓글 달기, 게시, 자료 업로드 등의 행위 또는 답안 내역을 보조기억장치 및 기타 통신수단(게시판, 이메일, 메신저, 네트워크 등)을 이용하여 타인에게 전달 또는 외부로 반출하는 경우는 자격기본법 제32에 의거 부정행위로 간주되어 본 시험 및 국가공인 자격시험을 2년간 응시할 수 없습니다.
- 내문서\ITQ 또는 라이브러리\문서\ITQ 폴더의 "답안파일-인터넷.hwp" 파일을 열어 파일 이름을 "수험번호-성명-인터넷.hwp"로 답안폴더에 다시 저장한 후 답안 작성을 시작하여야 하며, 답안문서 파일명이 일치하지 않을 경우 실격 처리됩니다(예 : 12345678-홍길동-인터넷.hwp). (시험시 제공되는 답안파일 양식을 사용하지 않을 경우에는 0점 처리됨)
- 답안 작성을 마치면 파일을 저장하고, '답안 전송' 버튼을 선택하여 감독위원 PC로 답안을 전송하십시오. 수험자 정보와 저장한 파일명이 다를 경우 전송되지 않으므로 주의하시기 바랍니다.
- 답안 작성 중에도 **주기적으로 저장하고 답안을 전송**하여야 문제 발생을 줄일 수 있습니다. 작업한 내용을 저장하지 않고 전송할 경우 이전에 저장된 내용이 전송되오니 이점 유의하시기 바랍니다.
- 시험 중 부주의 또는 고의로 시스템을 파손한 경우는 수험자가 변상해야 하며, 〈수험자 유의사항〉에 기재된 방법대로 이행하지 않아 생기는 불이익은 수험자 당사자의 책임임을 알려 드립니다.
- 시험을 완료한 수험자는 답안파일이 전송되었는지 확인한 후 감독위원의 지시에 따라 문제지를 제출하고 퇴실합니다.

답안 작성요령

- 온라인 답안 작성 절차
  수험자 등록 ➡ 시험 시작 ➡ 답안파일 저장 ➡ 답안 전송 ➡ 시험 종료
- 시험 시작 전 시험과 무관한 프로그램의 실행을 중지시켜 주시기 바랍니다(채팅, 파일공유 등).
- 문제에 (정답)이라고 표시되어 있으면 정답만을 작성란에 기재하고, (정답, URL)이라고 표시되어 있으면 정답과 함께 URL을 반드시 기재하시기 바랍니다. 이를 준수하지 않을 경우 감점, 오답 처리 등 불이익이 있을 수 있습니다.
- 문제 번호에 따라 정답을 아래와 같이 답안파일에 정확히 기록하십시오.

문제유형		수험번호		성명	
문제번호			답안		
6	정답		대한민국		

- 4번 문제는 번호에 따라 정답과 URL을 아래와 같이 답안파일에 정확히 기록하십시오(URL은 정답을 확인할 수 있는 최종 URL을 기재하십시오).

4	정답	ITQ정보기술자격
	URL	http://www.itq.or.kr/t_info/t_info_1.asp

- 4번 문제의 경우 개인 홈페이지나 블로그, 지식 검색(예 : 지식iN, 위키피디아 등)과 같이 개인사견이 들어 있는 사이트, 첨부파일은 정답으로 인정하지 않습니다.
- 9번의 이미지 파일은 인터넷 답안지에 삽입한 후 반드시 지정된 이미지 크기로 변경하시기 바랍니다.
- 문제에서 제시한 단위, Full name 등의 조건에 맞도록 답안을 작성하시기 바랍니다.

인터넷 윤리 (60점, 각 30점)

※ 문제에 대한 적절한 내용의 번호를 골라 답안지에 기재하시오.

[문제 1] 다음 중 인터넷의 역기능이 아닌 것은?

① 인터넷 중독
② 개방성
③ 저작권 침해
④ 해킹

[문제 2] 인터넷 게시판 사용에 대한 예절로 옳지 않은 것은?

• 보기 •

① 게시판의 글은 명확하고 간결하게 쓴다.
② 다른 사람이 올린 글에 대해 지나친 반박은 삼간다.
③ 게시물에 질문을 하고 답변을 얻었으면 질문과 답변을 바로 삭제하고 나온다.
④ 게시물의 내용을 잘 설명할 수 있는 알맞은 제목을 사용한다.

인터넷 검색 (370점)

■ 일반검색 Ⅰ 각 10점

[문제 3] 다음 경주지역의 보물문화재 국가지정번호에 해당하는 명칭(이름)을 〈보기〉에서 찾아 해당 번호를 답안지에 적으시오(번호).

3-1) 보물 제65호 ……………………………………………………………………………… (   )
3-2) 보물 제124호 ……………………………………………………………………………… (   )
3-3) 보물 제1928호 ……………………………………………………………………………… (   )

• 보기 •

① 경주 미탄사지 삼층석탑   ② 경주 남산동 동·서 삼층석탑   ③ 경주 용명리 삼층석탑
④ 경주 서악동 삼층석탑   ⑤ 경주 남산 천룡사지 삼층석탑

■ 일반검색 II   각 50점

[문제 4] 일반적으로 이동통신 시장에서 마케팅 용어로 3세대(3G), 4세대(4G), 5세대(5G)란 용어를 사용하지만, 국제 전기 통신 연합(ITU: International Telecommunication Union)에서는 3G, 4G, 5G 등 세대 구분 용어를 사용하지 않는다. ITU에서 채택한 5세대(5G) 이동 통신의 공식 명칭을 검색하시오(정답, URL).

[문제 5] 인구성장률은 인구주택총조사 결과를 기초로 인구변동요인을 반영하여 추계한 인구를 이용하여 산출한 것으로 총인구수와 함께 인구의 변화를 파악하는 기본적 지표로 활용된다. 통계청 국가지표체계에서 2017년 인구성장률(단위: %)을 검색하시오(정답).

■ 가로 • 세로 정보검색   각 30점

※ 아래 각 문제의 설명을 읽고 가로 · 세로에 알맞은 단어를 답안에 기재하시오(정답).

[문제 6] (세로) '활발하여 부끄러워하지 않는 기운'을 이르는 우리말을 검색하시오.

[문제 7] (가로) '사리 판단이 날카롭고 재능이 빛난다'는 뜻으로, 재주와 슬기가 불 일어나듯이 나타남을 이르는 사자성어를 검색하시오.

[문제 8] (세로) "Animalia 〉 Chordata(척삭동물문) 〉 Aves(조강) 〉 Anseriformes(기러기목) 〉 Anatidae(오리과) 〉 Anas(오리속)"으로 분류되는 한국의 겨울철새로, 학명은 Anas querquedula Linnaeus 이다. 이 새의 이름을 검색하시오.

■ 실용검색 　　　　　　　　　　　　　　　　　　　　　　　　　　　　　각 50점

[문제 9] 길 찾기 서비스(포털 및 전문 검색사이트)를 이용하여 광주광역시 <u>농성역 5번 출구</u>에서 <u>광주종합버스터미널 후문</u>을 도보로 가는 지도 경로를 찾아 전체화면(경로 검색화면 포함)을 캡처하여 답안 파일에 붙여 넣으시오(이미지 크기 150mm x 100mm).

[문제 10] 국내에서 가장 높은 롯데월드타워 서울 스카이에서는 수도 서울을 360도 뷰를 통해 한눈에 담을 수 있고 일본에서는 도쿄 스카이트리(Tokyo Sky Tree)에서 도쿄 시내를 전망할 수 있다. 도쿄 스카이트리 덴보회랑(플로어 450) 개인고객(성인) 당일권 <u>요금</u>(단위: 엔)을 검색하시오.

[문제 11] 지구 온난화의 영향으로 2016년에는 첫 태풍 네파탁(NEPARTAK)이 7월에 발생한 이후로 26개의 태풍이 발생하였다. 2016년 중 가장 마지막에 발생한 태풍의 <u>이름</u>을 검색하시오(정답).

 정보 가공　　　　　　　　　　　　　　　　　　　　　(70점)

※ 제시된 주제에 따라 답안을 완성하시오.

[문제 12] 전국소년체육대회는 청소년들에게 스포츠를 통한 건강한 신체와 건전한 정신을 함양하는데 기여하는 것은 물론 새로운 유망주 발굴과 육성을 하는데 기반이 되어왔다. 제46회 전국소년체육대회에 대한 정보를 검색하여 다음의 안내문 내용을 완성하시오.

[답안]

제46회 전국소년체육대회	
(12-1) 충청남도(도청) 심벌마크 <u>이미지</u>	(12-2) 제46회 전국소년체육대회 <u>구호</u>(슬로건) (12-3) 제46회 전국소년체육대회 <u>대회일정</u>(월일) (12-4) 아산 이순신종합운동장 <u>주소</u>(도로명)

제02회 실전모의고사

과목	코드	문제유형	시험시간	수험번호	성명
인터넷	1152	B	60분		

수험자 유의사항

◈ 수험자는 문제지를 받는 즉시 **응시하고자 하는 과목의 문제지가 맞는지 확인**하여야 합니다.
◈ 시험과 직접 관련이 없는 행위 즉, 각종 웹사이트 로그인, 댓글 달기, 게시, 자료 업로드 등의 행위 또는 답안 내역을 보조기억장치 및 기타 통신수단(게시판, 이메일, 메신저, 네트워크 등)을 이용하여 타인에게 전달 또는 외부로 반출하는 경우는 자격기본법 제32에 의거 부정행위로 간주되어 본 시험 및 국가공인 자격시험을 2년간 응시할 수 없습니다.
◈ 내문서₩ITQ 또는 라이브러리₩문서₩ITQ 폴더의 "답안파일-인터넷.hwp" 파일을 열어 파일 이름을 "수험번호-성명-인터넷.hwp"로 답안폴더에 다시 저장한 후 답안 작성을 시작하여야 하며, 답안문서 파일명이 일치하지 않을 경우 실격 처리됩니다(예 : 12345678-홍길동-인터넷.hwp). (시험시 제공되는 답안파일 양식을 사용하지 않을 경우에는 0점 처리됨)
◈ 답안 작성을 마치면 파일을 저장하고, '답안 전송' 버튼을 선택하여 감독위원 PC로 답안을 전송하십시오. 수험자 정보와 저장한 파일명이 다를 경우 전송되지 않으므로 주의하시기 바랍니다.
◈ 답안 작성 중에도 **주기적으로 저장하고 답안을 전송**하여야 문제 발생을 줄일 수 있습니다. 작업한 내용을 저장하지 않고 전송할 경우 이전에 저장된 내용이 전송되오니 이점 유의하시기 바랍니다.
◈ 시험 중 부주의 또는 고의로 시스템을 파손한 경우는 수험자가 변상해야 하며, 〈수험자 유의사항〉에 기재된 방법대로 이행하지 않아 생기는 불이익은 수험자 당사자의 책임임을 알려 드립니다.
◈ 시험을 완료한 수험자는 답안파일이 전송되었는지 확인한 후 감독위원의 지시에 따라 문제지를 제출하고 퇴실합니다.

답안 작성요령

◈ 온라인 답안 작성 절차
수험자 등록 ➡ 시험 시작 ➡ 답안파일 저장 ➡ 답안 전송 ➡ 시험 종료
◈ 시험 시작 전 시험과 무관한 프로그램의 실행을 중지시켜 주시기 바랍니다(채팅, 파일공유 등).
◈ 문제에 (정답)이라고 표시되어 있으면 정답만을 작성란에 기재하고, (정답, URL)이라고 표시되어 있으면 정답과 함께 URL을 반드시 기재하시기 바랍니다. 이를 준수하지 않을 경우 감점, 오답 처리 등 불이익이 있을 수 있습니다.
◈ 문제 번호에 따라 정답을 아래와 같이 답안파일에 정확히 기록하십시오.

문제유형		수험번호		성명	
문제번호				답안	
6		정답		대한민국	

◈ 4번 문제는 번호에 따라 정답과 URL을 아래와 같이 답안파일에 정확히 기록하십시오(URL은 정답을 확인할 수 있는 최종 URL을 기재하십시오).

4	정답	ITQ정보기술자격
	URL	http://www.itq.or.kr/t_info/t_info_1.asp

◈ 4번 문제의 경우 개인 홈페이지나 블로그, 지식 검색(예 : 지식iN, 위키피디아 등)과 같이 개인사견이 들어 있는 사이트, 첨부파일은 정답으로 인정하지 않습니다.
◈ 9번의 이미지 파일은 인터넷 답안지에 삽입한 후 반드시 지정된 이미지 크기로 변경하시기 바랍니다.
◈ 문제에서 제시한 단위, Full name 등의 조건에 맞도록 답안을 작성하시기 바랍니다.

인터넷 윤리 (60점, 각 30점)

※ 문제에 대한 적절한 내용의 번호를 골라 답안지에 기재하시오.

[문제 1] 인터넷 게임 중독 예방지침으로 옳지 않은 것은?

① 가정에서의 게임은 지양하고 PC방에서 게임을 주로 한다.
② 온라인게임 외의 다양한 대안활동을 찾아 시도한다.
③ 게임은 해야 할 일을 먼저 한 후에 한다.
④ 게임은 시간을 정해두고 한다.

[문제 2] 랜섬웨어 피해를 예방하기 위한 수칙으로 옳지 않은 것은?

• 보기 •
① 모든 소프트웨어는 최신 버전으로 업데이트하여 사용한다.
② 파일 공유 사이트 등에서 파일 다운로드 및 실행에 주의한다.
③ 출처가 불분명한 이메일과 URL 링크는 실행하지 않는다.
④ 금융거래는 비트코인을 사용한다.

인터넷 검색 (370점)

■ 일반검색 I   각 10점

[문제 3] 지난 5월에 발행한 우표(한국인이 꼭 가봐야 할 관광지)의 문화재 지정번호를 〈보기〉에서 찾아 해당 번호를 답안지에 적으시오(번호).

3-1) 문경새재 ··· (   )
3-2) 진도 운림산방 ··· (   )
3-3) 담양 소쇄원 ··· (   )

• 보기 •
① 명승 제32호   ② 명승 제40호   ③ 명승 제80호
④ 사적 제107호 ⑤ 사적 제118호

■ 일반검색 II   각 50점

[문제 4] 컴퓨터가 여러 데이터를 이용하여 마치 사람처럼 스스로 학습할 수 있게 하기 위해 인공 신경망(ANN)을 기반으로 하는 기계 학습 기술을 무엇(영문 full name)이라 하는지 검색하시오(정답, URL).

[문제 5] 지난 5월 초 서울의 수은주가 30도를 웃돌아 85년 만에 최고 기온을 기록하였다. 기상청 서울 유인관서에서 관측한 2017년 5월의 최고기온(단위 : ℃)을 검색하시오.

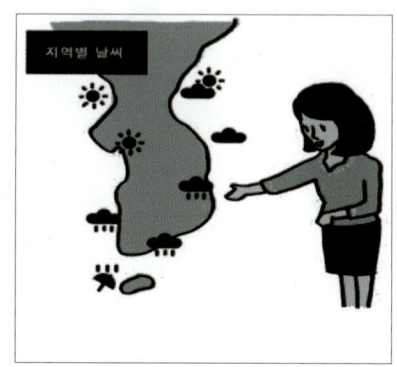

■ 가로・세로 정보검색   각 30점

※ 아래 각 문제의 설명을 읽고 가로・세로에 알맞은 단어를 답안에 기재하시오(정답).

[문제 6] (세로) '서리 밑에서도 시들지 않고 꿋꿋하다'라는 뜻의 국화를 달리 이르는 말을 검색하시오.

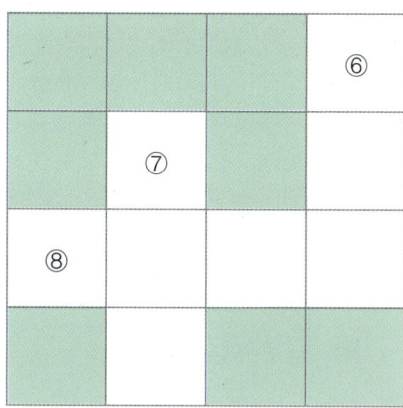

[문제 7] (세로) '한 번에 하지 않고 여러 번에 나눠서 주고받는 셈'을 이르는 우리말을 검색하시오.

[문제 8] (가로) '푸른 숲 속에 사는 호걸'이라는 뜻으로, 불한당(不汗黨)이나 화적(火賊) 따위를 달리 이르는 사자성어를 검색하시오.

■ 실용검색   각 50점

[문제 9] 길 찾기 서비스(포털 및 전문 검색사이트)를 이용하여 부산 사직역 1번 출구에서 국가기록원 부산기록관 입구를 도보로 가는 지도 경로를 찾아 전체화면(경로 검색화면 포함)을 캡처하여 답안 파일에 붙여 넣으시오(이미지 크기 150mm × 100mm).

[문제 10] 노트르담 대성당(Cathédrale Notre-Dame de Paris)은 프랑스 파리의 시테 섬의 동쪽 반쪽에 있는 프랑스 후기 고딕 양식의 성당이다. 현재 대성당(Cathedral)의 평일 관람 종료시간(시분)을 검색하시오(정답).

[문제 11] 여행경보제도는 특정 국가 여행·체류 시 특별한 주의가 요구되는 국가 및 지역에 경보를 지정하여 위험 수준과 이에 따른 안전대책(행동지침)의 기준을 안내하는 제도로 4단계로 구분되어 있다. 현재 황색경보(여행자제)가 발령 중인 오세아니아 지역의 국가(국가명)를 검색하시오(정답).

 정보 가공   (70점)

※ 제시된 주제에 따라 답안을 완성하시오.

[문제 12] 국민의 안전한 먹거리를 위해서 식품이력추적관리, 쇠고기이력추적관리, 수산물이력추적관리, 농산물이력추적관리 제도가 시행되고 있다. 안전한 먹거리 정보에 대한 정보를 검색하여 다음의 안내문 내용을 완성하시오.

[답안]

안전한 먹거리 정보	
(12-1) 식품의약품안전처의 HACCP(안전관리인증) 심벌마크 이미지	(12-2) 식품이력추적관리 제도의 정의 (12-3) 식품이력관리번호 8801136361636202002 04의 유통기한 (연월일) (12-4) 불량식품 뿌리뽑기 신고 전화번호(국번 없이)

제 03 회 실전모의고사

과목	코드	문제유형	시험시간	수험번호	성명
인터넷	1152	C	60분		

수험자 유의사항

- 수험자는 문제지를 받는 즉시 **응시하고자 하는 과목의 문제지가 맞는지 확인**하여야 합니다.
- 시험과 직접 관련이 없는 행위 즉, 각종 웹사이트 로그인, 댓글 달기, 게시, 자료 업로드 등의 행위 또는 답안 내역을 보조기억장치 및 기타 통신수단(게시판, 이메일, 메신저, 네트워크 등)을 이용하여 타인에게 전달 또는 외부로 반출하는 경우는 자격기본법 제32에 의거 부정행위로 간주되어 본 시험 및 국가공인 자격시험을 2년간 응시할 수 없습니다.
- 내문서₩ITQ 또는 라이브러리₩문서₩ITQ 폴더의 "답안파일-인터넷.hwp" 파일을 열어 파일 이름을 "수험번호-성명-인터넷.hwp"로 답안폴더에 다시 저장한 후 답안 작성을 시작하여야 하며, 답안문서 파일명이 일치하지 않을 경우 실격 처리됩니다(예 : 12345678-홍길동-인터넷.hwp). (시험시 제공되는 답안파일 양식을 사용하지 않을 경우에는 0점 처리됨)
- 답안 작성을 마치면 파일을 저장하고, '답안 전송' 버튼을 선택하여 감독위원 PC로 답안을 전송하십시오. 수험자 정보와 저장한 파일명이 다를 경우 전송되지 않으므로 주의하시기 바랍니다.
- 답안 작성 중에도 **주기적으로 저장하고 답안을 전송**하여야 문제 발생을 줄일 수 있습니다. 작업한 내용을 저장하지 않고 전송할 경우 이전에 저장된 내용이 전송되오니 이점 유의하시기 바랍니다.
- 시험 중 부주의 또는 고의로 시스템을 파손한 경우는 수험자가 변상해야 하며, 〈수험자 유의사항〉에 기재된 방법대로 이행하지 않아 생기는 불이익은 수험자 당사자의 책임임을 알려 드립니다.
- 시험을 완료한 수험자는 답안파일이 전송되었는지 확인한 후 감독위원의 지시에 따라 문제지를 제출하고 퇴실합니다.

답안 작성요령

- 온라인 답안 작성 절차
  수험자 등록 ➡ 시험 시작 ➡ 답안파일 저장 ➡ 답안 전송 ➡ 시험 종료
- 시험 시작 전 시험과 무관한 프로그램의 실행을 중지시켜 주시기 바랍니다(채팅, 파일공유 등).
- 문제에 (정답)이라고 표시되어 있으면 정답만을 작성란에 기재하고, (정답, URL)이라고 표시되어 있으면 정답과 함께 URL을 반드시 기재하시기 바랍니다. 이를 준수하지 않을 경우 감점, 오답 처리 등 불이익이 있을 수 있습니다.
- 문제 번호에 따라 정답을 아래와 같이 답안파일에 정확히 기록하십시오.

문제유형		수험번호		성명	
문제번호			답안		
6	정답	대한민국			

- 4번 문제는 번호에 따라 정답과 URL을 아래와 같이 답안파일에 정확히 기록하십시오(URL은 정답을 확인할 수 있는 최종 URL을 기재하십시오).

4	정답	ITQ정보기술자격
	URL	http://www.itq.or.kr/t_info/t_info_1.asp

- 4번 문제의 경우 개인 홈페이지나 블로그, 지식 검색(예 : 지식iN, 위키피디아 등)과 같이 개인사견이 들어 있는 사이트, 첨부파일은 정답으로 인정하지 않습니다.
- 9번의 이미지 파일은 인터넷 답안지에 삽입한 후 반드시 지정된 이미지 크기로 변경하시기 바랍니다.
- 문제에서 제시한 단위, Full name 등의 조건에 맞도록 답안을 작성하시기 바랍니다.

인터넷 윤리 (60점, 각 30점)

※ 문제에 대한 적절한 내용의 번호를 골라 답안지에 기재하시오.

[문제 1] 다음 중 랜섬웨어의 예방법으로 옳은 것은?

① 외장하드에 파일을 백업하여 사용한다.
② 운영체제의 업데이트를 하지 않는다.
③ 키보드 보안 프로그램을 사용한다.
④ 비트코인을 구입해둔다.

[문제 2] 다음 중 파밍(Pharming) 사이트 주의사항이 아닌 것은?

• 보기 •

① 보안카드 전체번호 입력 금지
② 백신프로그램의 주기적 업데이트로 최신 버전 유지
③ 금융기관을 사칭해 특정 금융정보를 요구하는 전화가 올 경우 1379로 신고
④ 금융기관에서 제공하는 보안 프로그램을 꼭 설치하여 사용

인터넷 검색 (370점)

■ 일반검색 I 각 10점

[문제 3] 다음 책 제목의 ISBN을 〈보기〉에서 찾아 해당 번호를 답안지에 적으시오(번호).

3-1) 언어의 온도 ……………………………………………………… (   )
3-2) 나에게 고맙다 …………………………………………………… (   )
3-3) 호모 데우스 ……………………………………………………… (   )

• 보기 •

① 9791161565873   ② 9788968330889   ③ 9791187119845
④ 9788934977841   ⑤ 9791195522125

■ 일반검색 II   각 50점

[문제 4] 정보를 수집한 후, 저장만 하고 분석에 활용하고 있지 않은 다량의 데이터로 미래에 사용할 가능성이 있다는 이유로 삭제되지 않고 방치되어 있어, 저장 공간만 차지하고 보안 위험을 초래할 수 있다. 이 데이터를 <u>무엇</u>이라 하는지 검색하시오(정답, URL).

[문제 5] 한국표준직업분류는 통계조사를 목적으로 수입을 위해 개인이 하고 있는 경제활동을 그 수행되는 일의 형태에 따라 체계적으로 분류한 것이다. 한국표준직업분류(KSCO)에서 현재(7차) 소방관(Fire Fighters)의 <u>분류코드</u>를 검색하시오(정답).

■ 가로·세로 정보검색   각 30점

※ 아래 각 문제의 설명을 읽고 가로·세로에 알맞은 단어를 답안에 기재하시오(정답).

[문제 6] (세로) 방사선의 입자를 검출하거나 입자 하나하나를 세는 장치를 <u>무엇</u>이라 하는지 검색하시오.

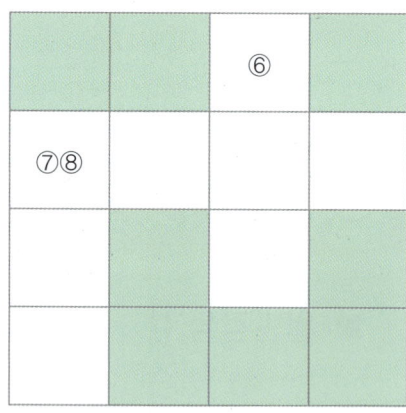

[문제 7] (가로) '마른 나무에서 물을 내게 한다'라는 뜻으로, 아무것도 없는 사람에게 없는 것을 내라고 억지를 부리며 강요하는 것을 비유하는 <u>사자성어</u>를 검색하시오.

[문제 8] (세로) '억지로 또는 강압적으로 함'을 이르는 <u>우리말</u>을 검색하시오.

■ **실용검색** 　　　　　　　　　　　　　　　　　　　　　　　　　　　　　　　　**각 50점**

[문제 9] 길 찾기 서비스(포털 및 전문 검색사이트)를 이용하여 <u>광주예술고등학교</u> 정문에서 <u>국립광주박물관 매표소</u>를 도보로 가는 지도 경로를 찾아 전체 화면(경로 검색화면 포함)을 캡처하여 답안 파일에 붙여 넣으시오(이미지 크기 150mm × 100mm).

[문제 10] 국민연금 기준소득월액은 보험료와 연금급여를 산정하고자 전체 가입자의 평균소득을 기초로 상한과 하한 금액 범위에서 정한 금액으로 국민연금 전체 가입자 평균소득의 3년간 평균액 변동률에 연동해 상한액과 하한액을 조정하고 있다. 2017년 7월 기준으로 사업장 가입자인 근로자 신고소득월액이 4,700,000원일 경우 국민연금 근로자부담금은 <u>얼마</u>(단위: 원)인지 구하시오(정답).

[문제 11] 오는 8월 영국 런던에서 열리는 2017 세계육상선수권대회를 앞두고 남자 높이뛰기의 우상혁 선수가 제71회 전국육상경기선수권대회에서 세계선수권대회 출전 기준기록(2m30)을 충족하여 런던행 티켓을 확보했다. 2m30은 올해 각종 세계대회에서 작성된 기록 중 전체 4위에 해당하는 수준급 기록이다. 국제육상경기연맹(IAAF)이 공인한 남자부(men outdoor) 높이뛰기(High Jump) <u>세계기록</u>(world records/2017년 7월 8일 기준)을 검색하시오(정답).

 **정보 가공**　　　　　　　　　　　　　　　　　**(70점)**

※ 제시된 주제에 따라 답안을 완성하시오.

[문제 12] 1973년 시작돼 2년마다 열리는 WTF 세계태권도선수권대회는 올해로 23회를 맞았고, 한국 개최는 7번째이다. 무주 WTF 세계태권도선수권대회에 대한 정보를 검색하여 다음의 안내문 내용을 완성하시오.

[**답안**]

무주 WTF 세계태권도선수권대회	
(12-1) 2017년 무주 WTF 세계태권도선수권대회 포스터 <u>이미지</u>	(12-2) 2017년 무주 WTF 세계태권도선수권대회 <u>슬로건</u>(한글로 입력) (12-3) 태권도원 T1 경기장 <u>주소</u>(도로명) (12-4) 2019년 WTF 세계태권도선수권대회 <u>개최국명</u>과 <u>개최도시명</u>

실전모의고사

과목	코드	문제유형	시험시간	수험번호	성명
인터넷	1152	D	60분		

수험자 유의사항

- 수험자는 문제지를 받는 즉시 **응시하고자 하는 과목의 문제지가 맞는지 확인**하여야 합니다.
- 시험과 직접 관련이 없는 행위 즉, 각종 웹사이트 로그인, 댓글 달기, 게시, 자료 업로드 등의 행위 또는 답안 내역을 보조기억장치 및 기타 통신수단(게시판, 이메일, 메신저, 네트워크 등)을 이용하여 타인에게 전달 또는 외부로 반출하는 경우는 자격기본법 제32에 의거 부정행위로 간주되어 본 시험 및 국가공인 자격시험을 2년간 응시할 수 없습니다.
- 내문서₩ITQ 또는 라이브러리₩문서₩ITQ 폴더의 "답안파일-인터넷.hwp" 파일을 열어 파일 이름을 "수험번호-성명-인터넷.hwp"로 답안폴더에 다시 저장한 후 답안 작성을 시작하여야 하며, 답안문서 파일명이 일치하지 않을 경우 실격 처리됩니다(예 : 12345678-홍길동-인터넷.hwp). (시험시 제공되는 답안파일 양식을 사용하지 않을 경우에는 0점 처리됨)
- 답안 작성을 마치면 파일을 저장하고, '답안 전송' 버튼을 선택하여 감독위원 PC로 답안을 전송하십시오. 수험자 정보와 저장한 파일명이 다를 경우 전송되지 않으므로 주의하시기 바랍니다.
- 답안 작성 중에도 **주기적으로 저장하고 답안을 전송**하여야 문제 발생을 줄일 수 있습니다. 작업한 내용을 저장하지 않고 전송할 경우 이전에 저장된 내용이 전송되오니 이점 유의하시기 바랍니다.
- 시험 중 부주의 또는 고의로 시스템을 파손한 경우는 수험자가 변상해야 하며, 〈수험자 유의사항〉에 기재된 방법대로 이행하지 않아 생기는 불이익은 수험자 당사자의 책임임을 알려 드립니다.
- 시험을 완료한 수험자는 답안파일이 전송되었는지 확인한 후 감독위원의 지시에 따라 문제지를 제출하고 퇴실합니다.

답안 작성요령

- 온라인 답안 작성 절차
  수험자 등록 ➡ 시험 시작 ➡ 답안파일 저장 ➡ 답안 전송 ➡ 시험 종료
- 시험 시작 전 시험과 무관한 프로그램의 실행을 중지시켜 주시기 바랍니다(채팅, 파일공유 등).
- 문제에 (정답)이라고 표시되어 있으면 정답만을 작성란에 기재하고, (정답, URL)이라고 표시되어 있으면 정답과 함께 URL을 반드시 기재하시기 바랍니다. 이를 준수하지 않을 경우 감점, 오답 처리 등 불이익이 있을 수 있습니다.
- 문제 번호에 따라 정답을 아래와 같이 답안파일에 정확히 기록하십시오.

문제유형		수험번호		성명	
문제번호			답안		
6	정답	대한민국			

- 4번 문제는 번호에 따라 정답과 URL을 아래와 같이 답안파일에 정확히 기록하십시오(URL은 정답을 확인할 수 있는 최종 URL을 기재하십시오).

4	정답	ITQ정보기술자격
	URL	http://www.itq.or.kr/t_info/t_info_1.asp

- 4번 문제의 경우 개인 홈페이지나 블로그, 지식 검색(예 : 지식iN, 위키피디아 등)과 같이 개인사견이 들어 있는 사이트, 첨부파일은 정답으로 인정하지 않습니다.
- 9번의 이미지 파일은 인터넷 답안지에 삽입한 후 반드시 지정된 이미지 크기로 변경하시기 바랍니다.
- 문제에서 제시한 단위, Full name 등의 조건에 맞도록 답안을 작성하시기 바랍니다.

인터넷 윤리 (60점, 각 30점)

※ 문제에 대한 적절한 내용의 번호를 골라 답안지에 기재하시오.

[문제 1] 다음 중 이메일 네티켓으로 옳은 것은?

① 본문 내용의 작성은 줄이고 첨부파일 형태로 정보를 전달한다.
② 본인이 누구인지 분명하게 밝히고 행운의 편지 등을 공유한다.
③ 사적인 내용의 받은 메일은 보낸 사람의 허락 없이 다른 사람에게 전달한다.
④ 제목만 보고도 내용을 짐작할 수 있도록 알맞은 제목을 붙인다.

[문제 2] 다음 중 안전한 금융거래를 위한 수칙으로 옳은 것은?

• 보기 •
① 공인인증서의 분실을 방지하기 위해 이동식 저장장치에 보관하는 것보다는 하드디스크에 보관한다.
② 전자금융거래 이용내역을 본인에게 즉시 알려주는 휴대폰 서비스 등을 적극적으로 이용한다.
③ 보안카드 분실을 대비해 이미지로 스캔하여 하드디스크에 보관한다.
④ 금융기관을 사칭한 이메일을 받은 경우 첨부파일과 내용을 확인 후 삭제한다.

인터넷 검색 (370점)

■ 일반검색 Ⅰ 각 10점

[문제 3] 다음 국가무형문화재의 지정일을 〈보기〉에서 찾아 해당 번호를 답안지에 적으시오(번호).

3-1) 전통장 ·· (   )
3-2) 바디장 ·· (   )
3-3) 자수장 ·· (   )

• 보기 •
① 1984년 10월 15일   ② 1986년 11월 1일   ③ 1989년 6월 15일
④ 1988년 12월 1일   ⑤ 1988년 8월 1일

■ 일반검색 II   각 50점

[문제 4] 저속, 저전력, 저성능의 특징을 갖는 사물들로 구성된 사물 인터넷으로 수도·전기·가스 원격 검침용 기기, 오프라인 매장에서 사물 정보를 소비자 스마트폰에 전송하는 저전력 블루투스 비컨 등이 있다. 이것은 무엇인지 검색하시오(정답, URL).

[문제 5] 지난 6월 말 제주도에는 장마전선의 영향으로 많은 비가 내렸으며, 7월 초 서귀포시는 평년기온을 유지 했으나 제주시는 습하고 따뜻한 바람이 한라산을 넘어 고온 건조해지는 푄현상으로 낮 최고기온이 34도 안팎까지 오른 폭염이 나타났다. 기상청 제주시 유인관서에서 관측한 2017년 6월의 일최고강수량(단위: mm)을 검색하시오.

■ 가로·세로 정보검색   각 30점

※ 아래 각 문제의 설명을 읽고 가로·세로에 알맞은 단어를 답안에 기재하시오(정답).

[문제 6] (세로) 조선 시대에, 모화관에서 활쏘기를 배우던 무관의 자제를 무엇이라 하는지 검색하시오.

[문제 7] (가로) '머리는 차게, 발은 따뜻하게 하면 건강에 좋음'을 이르는 사자성어를 검색하시오.

[문제 8] (세로) '좀 겸연쩍고 부끄럽다'의 우리말을 검색하시오.

■ 실용검색   각 50점

[문제 9] 길 찾기 서비스(포털 및 전문 검색사이트)를 이용하여 서울 안국역 2번 출구에서 안국동 윤보선가를 도보로 가는 지도 경로를 찾아 전체화면(경로 검색화면 포함)을 캡처하여 답안 파일에 붙여 넣으시오(이미지 크기 150mm x 100mm).

[문제 10] 맨부커상(Man Booker Prize)은 영국 등 영연방 국가 작품에 주는 맨부커상과 영어로 번역된 외국어 소설을 대상으로 하는 맨부커 인터내셔널상(Man Booker International Prize)으로 이뤄져 있다. 2017 맨부커 인터내셔널상의 수상 작품명(영문)을 검색하시오(정답).

[문제 11] 지난해 12월 9일 개통한 SRT(수서발고속철도)는 많은 승객들이 이용하고 있다. 2017년 8월14일(월) 오전 9시 수서역에서 출발하여 부산역에 도착하는 SRT 열차의 중간 정차역명을 모두 검색하시오(정답).

 정보 가공   (70점)

※ 제시된 주제에 따라 답안을 완성하시오.

[문제 12] 우수문화상품 지정제도는 한국의 문화적 가치를 담은 우수문화상품을 지정하여 한복의 옷고름 모양을 딴 K-ribbon 마크를 부착하고, 체계적인 관리와 브랜드마케팅을 통해 '코리아프리미엄'을 창출하고자 하는 제도이다. 우수문화상품 지정제도에 대한 정보를 검색하여 다음의 안내문 내용을 완성하시오.

[답안]

우수문화상품 지정제도	
(12-1) 우수문화상품 (K-ribbon) 지정마크 이미지	(12-2) 2017년 우수문화상품 신규공모 응모분야(5개 분야)
	(12-3) 한식분야 우수문화상품 문의처(기관명)
	(12-4) 2015년 한식분야 우수문화상품(3가지)

실전모의고사

과목	코드	문제유형	시험시간	수험번호	성명
인터넷	1152	E	60분		

수험자 유의사항

- 수험자는 문제지를 받는 즉시 **응시하고자 하는 과목의 문제지가 맞는지 확인**하여야 합니다.
- 시험과 직접 관련이 없는 행위 즉, 각종 웹사이트 로그인, 댓글 달기, 게시, 자료 업로드 등의 행위 또는 답안 내역을 보조기억장치 및 기타 통신수단(게시판, 이메일, 메신저, 네트워크 등)을 이용하여 타인에게 전달 또는 외부로 반출하는 경우는 자격기본법 제32에 의거 부정행위로 간주되어 본 시험 및 국가공인 자격시험을 2년간 응시할 수 없습니다.
- 내문서₩ITQ 또는 라이브러리₩문서₩ITQ 폴더의 "답안파일-인터넷.hwp" 파일을 열어 파일 이름을 "수험번호-성명-인터넷.hwp"로 답안폴더에 다시 저장한 후 답안 작성을 시작하여야 하며, 답안문서 파일명이 일치하지 않을 경우 실격 처리됩니다(예 : 12345678-홍길동-인터넷.hwp). (시험시 제공되는 답안파일 양식을 사용하지 않을 경우에는 0점 처리됨)
- 답안 작성을 마치면 파일을 저장하고, '답안 전송' 버튼을 선택하여 감독위원 PC로 답안을 전송하십시오. 수험자 정보와 저장한 파일명이 다를 경우 전송되지 않으므로 주의하시기 바랍니다.
- 답안 작성 중에도 **주기적으로 저장하고 답안을 전송**하여야 문제 발생을 줄일 수 있습니다. 작업한 내용을 저장하지 않고 전송할 경우 이전에 저장된 내용이 전송되오니 이점 유의하시기 바랍니다.
- 시험 중 부주의 또는 고의로 시스템을 파손한 경우는 수험자가 변상해야 하며, 〈수험자 유의사항〉에 기재된 방법대로 이행하지 않아 생기는 불이익은 수험자 당사자의 책임임을 알려 드립니다.
- 시험을 완료한 수험자는 답안파일이 전송되었는지 확인한 후 감독위원의 지시에 따라 문제지를 제출하고 퇴실합니다.

답안 작성요령

- 온라인 답안 작성 절차
  수험자 등록 ➡ 시험 시작 ➡ 답안파일 저장 ➡ 답안 전송 ➡ 시험 종료
- 시험 시작 전 시험과 무관한 프로그램의 실행을 중지시켜 주시기 바랍니다(채팅, 파일공유 등).
- 문제에 (정답)이라고 표시되어 있으면 정답만을 작성란에 기재하고, (정답, URL)이라고 표시되어 있으면 정답과 함께 URL을 반드시 기재하시기 바랍니다. 이를 준수하지 않을 경우 감점, 오답 처리 등 불이익이 있을 수 있습니다.
- 문제 번호에 따라 정답을 아래와 같이 답안파일에 정확히 기록하십시오.

문제유형		수험번호		성명	
문제번호			답안		
6		정답	대한민국		

- 4번 문제는 번호에 따라 정답과 URL을 아래와 같이 답안파일에 정확히 기록하십시오(URL은 정답을 확인할 수 있는 최종 URL을 기재하시오).

4	정답	ITQ정보기술자격
	URL	http://www.itq.or.kr/t_info/t_info_1.asp

- 4번 문제의 경우 개인 홈페이지나 블로그, 지식 검색(예 : 지식iN, 위키피디아 등)과 같이 개인사견이 들어 있는 사이트, 첨부파일은 정답으로 인정하지 않습니다.
- 9번의 이미지 파일은 인터넷 답안지에 삽입한 후 반드시 지정된 이미지 크기로 변경하시기 바랍니다.
- 문제에서 제시한 단위, Full name 등의 조건에 맞도록 답안을 작성하시기 바랍니다.

인터넷 윤리 (60점, 각 30점)

※ 문제에 대한 적절한 내용의 번호를 골라 답안지에 기재하시오.

[문제 1] 다음 중 정보통신기술 발달에 의한 변화로 옳지 않은 것은?

① 시간과 장소에 구애받지 않고 언제 어디서나 정보통신망에 접속
② 사이버공간의 확산
③ 증강현실 기술의 활성화
④ 웰빙푸드(Wellbeing-food)의 선호도 증가

[문제 2] 다음 중 전자서명의 기능으로 옳지 않은 것은?

• 보기 •
① 전자문서 작성자의 신원을 확인한다.
② 작성내용이 송수신과정에서 변경되지 않았다는 사실을 증명한다.
③ 홈페이지 회원가입시 입력하는 본인의 이름이다.
④ 전자문서를 작성한 사실을 부인할 수 없다.

인터넷 검색 (370점)

■ 일반검색 I   각 10점

[문제 3] 다음 중 잠실구장에서의 2017년 KBO리그 경기일정을 〈보기〉에서 찾아 해당 번호를 답안지에 적으시오(번호).

3-1) 9월 12일(화) ·· (   )
3-2) 9월 14일(목) ·· (   )
3-3) 9월 16일(토) ·· (   )

• 보기 •
① 한화 vs LG   ② SK vs 두산   ③ 삼성 vs 두산
④ KIA vs LG   ⑤ 롯데 vs LG

■ 일반검색 II [각 50점]

[문제 4] 오픈마켓, 소셜커머스 등 온라인 쇼핑몰에서 제품 정보를 수집한 후 오프라인 매장에서 해당 상품을 구매하는 소비 형태로 해외 명품, 대형 가전 등 고가 제품과 화장품, 유아용품 등 안전에 민감한 제품 중심으로 소비가 이루어진다. 이 소비형태를 무엇이라 하는지 검색하시오(정답, URL).

[문제 5] 통계청 자료에 따르면 2016년 귀농가구의 규모는 12,875가구로 전년보다 7.7%가 증가한 것으로 나타났다. 시도별로는 경북이 2,323가구로 가장 많고, 전남, 경남 등의 순이다. 통계청 귀농가구원의 시도별(시군별)·성별 현황에서 2016년 제주특별자치도 서귀포시의 귀농인 수(단위: 명)를 검색하시오(정답).

■ 가로·세로 정보검색 [각 30점]

※ 아래 각 문제의 설명을 읽고 가로·세로에 알맞은 단어를 답안에 기재하시오(정답).

[문제 6] (가로) '뾰족한 칼의 끝'이라는 뜻으로, 아주 작은 사물이나 얼마 안 되는 이익을 비유해 이르는 사자성어를 검색하시오.

[문제 7] (세로) '실상보다 좋게 보다'를 이르는 우리말을 검색하시오.

[문제 8] (세로) 우리나라 최초의 국어사전으로 국어학자 주시경 선생이 중심이 되어 쓴 것으로 출판되지 못하고 원고로만 남아있다. 이 사전의 이름을 검색하시오..

■ 실용검색   각 50점

[문제 9] 지하철 노선 경로 찾기 서비스(포털 및 전문 검색사이트)를 이용하여 수도권 마천역에서 과천역을 지하철로 가는 경로(최소시간)를 찾아 전체화면(경로 검색화면 포함)을 캡처하여 답안 파일에 붙여 넣으시오(이미지 크기 150mm × 100mm).

[문제 10] 유니버설 스튜디오 싱가포르(Universal Studios Singapore)는 유니버설 스튜디오 놀이공원 중 하나로 싱가포르 센토사 섬에 있으며 2010년 3월 18일 개장했다. 유니버설 스튜디오 싱가포르 1일 성인 1인 요금(One-Day Ticket, Adult, 단위: SGD, 할인없음)을 검색하시오(정답).

[문제 11] 품명 식별이 가능하고 쓰레기봉투로 처리할 수 없는 대형 폐기물은 폐기물관리법 제14조에 근거하여 위탁업체에서 처리하고 있다. 부산광역시 사하구의 런닝머신 대형 폐기물 수수료(수집 운반비와 처리비의 합)를 검색하시오(정답).

정보 가공 (70점)

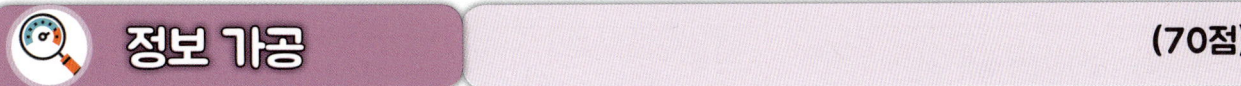

※ 제시된 주제에 따라 답안을 완성하시오.

[문제 12] 2017년은 대한민국 최초 국립공원 지정 50주년이자, 공원관리 전문기관 국립공원관리공단의 창립 30주년이 되는 해이다. 3050 기념사업에 대한 정보를 검색하여 다음의 안내문 내용을 완성하시오.

[답안]

3050 기념사업	
(12-1) 3050 기념사업 엠블럼 이미지	(12-2) 국립공원관리공단 창립일(연월일)
	(12-3) 대한민국 최초 국립공원 지정일(연월일)
	(12-4) 2017년 9월 발행되는 "한국의 국립공원" 기념주화 2종의 국립공원 이름

실전모의고사

과목	코드	문제유형	시험시간	수험번호	성명
인터넷	1152	A	60분		

수험자 유의사항

- 수험자는 문제지를 받는 즉시 **응시하고자 하는 과목의 문제지가 맞는지 확인**하여야 합니다.
- 시험과 직접 관련이 없는 행위 즉, 각종 웹사이트 로그인, 댓글 달기, 게시, 자료 업로드 등의 행위 또는 답안 내역을 보조기억장치 및 기타 통신수단(게시판, 이메일, 메신저, 네트워크 등)을 이용하여 타인에게 전달 또는 외부로 반출하는 경우는 자격기본법 제32에 의거 부정행위로 간주되어 본 시험 및 국가공인 자격시험을 2년간 응시할 수 없습니다.
- 내문서₩ITQ 또는 라이브러리₩문서₩ITQ 폴더의 "답안파일-인터넷.hwp" 파일을 열어 파일 이름을 "수험번호-성명-인터넷.hwp"로 답안폴더에 다시 저장한 후 답안 작성을 시작하여야 하며, 답안문서 파일명이 일치하지 않을 경우 실격 처리됩니다(예 : 12345678-홍길동-인터넷.hwp). (시험시 제공되는 답안파일 양식을 사용하지 않을 경우에는 0점 처리됨)
- 답안 작성을 마치면 파일을 저장하고, '답안 전송' 버튼을 선택하여 감독위원 PC로 답안을 전송하십시오. 수험자 정보와 저장한 파일명이 다를 경우 전송되지 않으므로 주의하시기 바랍니다.
- 답안 작성 중에도 **주기적으로 저장하고 답안을 전송**하여야 문제 발생을 줄일 수 있습니다. 작업한 내용을 저장하지 않고 전송할 경우 이전에 저장된 내용이 전송되오니 이점 유의하시기 바랍니다.
- 시험 중 부주의 또는 고의로 시스템을 파손한 경우는 수험자가 변상해야 하며, 〈수험자 유의사항〉에 기재된 방법대로 이행하지 않아 생기는 불이익은 수험자 당사자의 책임임을 알려 드립니다.
- 시험을 완료한 수험자는 답안파일이 전송되었는지 확인한 후 감독위원의 지시에 따라 문제지를 제출하고 퇴실합니다.

답안 작성요령

- 온라인 답안 작성 절차
  수험자 등록 ➡ 시험 시작 ➡ 답안파일 저장 ➡ 답안 전송 ➡ 시험 종료
- 시험 시작 전 시험과 무관한 프로그램의 실행을 중지시켜 주시기 바랍니다(채팅, 파일공유 등).
- 문제에 (정답)이라고 표시되어 있으면 정답만을 작성란에 기재하고, (정답, URL)이라고 표시되어 있으면 정답과 함께 URL을 반드시 기재하시기 바랍니다. 이를 준수하지 않을 경우 감점, 오답 처리 등 불이익이 있을 수 있습니다.
- 문제 번호에 따라 정답을 아래와 같이 답안파일에 정확히 기록하십시오.

문제유형		수험번호		성명	
문제번호				답안	
6	정답	대한민국			

- 4번 문제는 번호에 따라 정답과 URL을 아래와 같이 답안파일에 정확히 기록하십시오(URL은 정답을 확인할 수 있는 최종 URL을 기재하십시오).

4	정답	ITQ정보기술자격
	URL	http://www.itq.or.kr/t_info/t_info_1.asp

- 4번 문제의 경우 개인 홈페이지나 블로그, 지식 검색(예 : 지식iN, 위키피디아 등)과 같이 개인사견이 들어 있는 사이트, 첨부파일은 정답으로 인정하지 않습니다.
- 9번의 이미지 파일은 인터넷 답안지에 삽입한 후 반드시 지정된 이미지 크기로 변경하시기 바랍니다.
- 문제에서 제시한 단위, Full name 등의 조건에 맞도록 답안을 작성하시기 바랍니다.

인터넷 윤리 (60점, 각 30점)

※ 문제에 대한 적절한 내용의 번호를 골라 답안지에 기재하시오.

[문제 1] 다음 중 인터넷 사이버 공간의 특성으로 옳지 않은 것은?

① 익명성
② 현실도피
③ 비대면성
④ 엄격한 가치규범

[문제 2] 다음 중 인터넷 게임 중독자의 일반적인 증상으로 옳지 않은 것은?

• 보기 •
① 온라인 스포츠 게임을 할수록 욕구가 생겨 게임보다 운동량이 많은 스포츠에 참여한다.
② 많은 시간을 게임 생각만 하거나 다음번 게임을 계획하면서 지낸다.
③ 개인적인 문제에서 도피하고 불안감을 덜기 위해 게임에 더욱 열중한다.
④ 게임을 안 하겠다고 마음먹고도 다시 게임을 하게 된다.

인터넷 검색 (370점)

■ 일반검색 I   각 10점

[문제 3] 다음 노벨상 부문의 수상자 이름을 〈보기〉에서 찾아 해당 번호를 답안지에 적으시오(번호).

3-1) 생리의학상 ··· (   )
3-2) 물리학상 ·· (   )
3-3) 문학상 ·· (   )

• 보기 •
① 에릭 베치그   ② 아카사키 이사무   ③ 존 오키프
④ 장 티롤   ⑤ 파트릭 모디아노

■ 일반검색 II [각 50점]

[문제 4] 서로 다른 분야의 요소들이 결합할 때 각 요소가 지니는 에너지의 합보다 더 큰 에너지를 분출하는 것으로 전혀 무관해 보이는 영역의 지식이 결합해 혁신이 일어나는 것을 말한다. 이 효과를 <u>무엇</u>이라 하는지 검색하시오(정답, URL).

[문제 5] 무더위와 집중호우 영향으로 채솟값이 뛰면서 2017년 8월 소비자물가지수는 전월대비 0.6%, 전년동월대비 2.6% 각각 큰 폭으로 상승했으며, 신선식품지수는 전월대비 10.7%, 전년동월대비 18.3% 각각 상승했다. 2017년 8월 <u>신선식품 소비자물가지수</u>(전국, 총지수)를 검색하시오(정답).

■ 가로·세로 정보검색 [각 30점]

※ 아래 각 문제의 설명을 읽고 가로·세로에 알맞은 단어를 답안에 기재하시오(정답).

[문제 6] (세로) 불교에서 과거세, 미래세, 현재세를 통틀어 이르는 <u>말</u>을 검색하시오.

[문제 7] (가로) '부근에 있는 사람들이 즐거워하고, 먼 곳의 사람들이 흠모하여 모여든다'는 뜻으로, 덕이 널리 미침을 이르는 <u>사자성어</u>를 검색하시오.

[문제 8] (세로) '좀 겸연쩍고 부끄럽다'를 이르는 <u>우리말</u>을 검색하시오.

■ **실용검색**   각 50점

[문제 9] 지하철 노선 경로 찾기 서비스(포털 및 전문 검색사이트)를 이용하여 대구 <u>지산역</u>에서 <u>고산역</u>을 지하철로 가는 경로(최소시간)를 찾아 전체화면(경로 검색화면 포함)을 캡처하여 답안 파일에 붙여 넣으시오(이미지 크기 150mm x 100mm).

[문제 10] 오광대는 낙동강 서쪽지역의 탈춤을 가리키는 말로, 초계 밤마리 마을 장터에서 놀던 광대패들에 의해 시작되었다고 한다. 국가무형문화재로 등록되어 있는 <u>오광대</u> 명칭 3가지를 검색하시오(정답).

[문제 11] 유네스코(유엔교육과학문화기구)는 프랑스의 디지털기술 연구기관인 넷익스플로(NetExplo)와 파트너십을 맺고 공동으로 '세상을 바꿀 10대 기술'을 선정, 네티즌 투표 등을 통해 10대 기술 중 1위에 그랑프리상을 수여하고 있다. 2017년 유네스코 세상을 바꿀 10대 기술(NetExplo Award Winners 2017) 그랑프리 수상작(기술)의 <u>제목</u>(내용)을 검색하시오(정답).

 정보 가공   **(70점)**

※ 제시된 주제에 따라 답안을 완성하시오.

[문제 12] 경주엑스포는 지난 1998년 1회 엑스포를 시작으로 지난해 '실크로드 경주 2015'까지 총 8회의 엑스포를 개최하였고 2016년 3월부터는 엑스포공원을 상시개장하고 있다. 경주세계문화엑스포에 대한 정보를 검색하여 다음의 안내문 내용을 완성하시오.

[답안]

	경주세계문화엑스포
(12-1) 경주시 캐릭터 (왕과여왕의 모습) <u>이미지</u>	(12-2) 플라잉(FLYing) 공연 성인 정상가 <u>관람요금</u> (12-3) 상시전시장 경주솔거미술관 성인 <u>관람료</u> (12-4) 호찌민-경주세계문화엑스포2017 <u>개최기간</u>(연월일)

제 07 회 실전모의고사

과목	코드	문제유형	시험시간	수험번호	성명
인터넷	1152	B	60분		

수험자 유의사항

◈ 수험자는 문제지를 받는 즉시 **응시하고자 하는 과목의 문제지가 맞는지 확인**하여야 합니다.
◈ 시험과 직접 관련이 없는 행위 즉, 각종 웹사이트 로그인, 댓글 달기, 게시, 자료 업로드 등의 행위 또는 답안 내역을 보조기억장치 및 기타 통신수단(게시판, 이메일, 메신저, 네트워크 등)을 이용하여 타인에게 전달 또는 외부로 반출하는 경우는 자격기본법 제32에 의거 부정행위로 간주되어 본 시험 및 국가공인 자격시험을 2년간 응시할 수 없습니다.
◈ 내문서₩ITQ 또는 라이브러리₩문서₩ITQ 폴더의 "답안파일-인터넷.hwp" 파일을 열어 파일 이름을 "수험번호-성명-인터넷.hwp"로 답안폴더에 다시 저장한 후 답안 작성을 시작하여야 하며, 답안문서 파일명이 일치하지 않을 경우 실격 처리됩니다(예 : 12345678-홍길동-인터넷.hwp). (시험시 제공되는 답안파일 양식을 사용하지 않을 경우에는 0점 처리됨)
◈ 답안 작성을 마치면 파일을 저장하고, '답안 전송' 버튼을 선택하여 감독위원 PC로 답안을 전송하십시오. 수험자 정보와 저장한 파일명이 다를 경우 전송되지 않으므로 주의하시기 바랍니다.
◈ 답안 작성 중에도 **주기적으로 저장하고 답안을 전송**하여야 문제 발생을 줄일 수 있습니다. 작업한 내용을 저장하지 않고 전송할 경우 이전에 저장된 내용이 전송되오니 이점 유의하시기 바랍니다.
◈ 시험 중 부주의 또는 고의로 시스템을 파손한 경우는 수험자가 변상해야 하며, 〈수험자 유의사항〉에 기재된 방법대로 이행하지 않아 생기는 불이익은 수험자 당사자의 책임임을 알려 드립니다.
◈ 시험을 완료한 수험자는 답안파일이 전송되었는지 확인한 후 감독위원의 지시에 따라 문제지를 제출하고 퇴실합니다.

답안 작성요령

◈ 온라인 답안 작성 절차
  수험자 등록 ➡ 시험 시작 ➡ 답안파일 저장 ➡ 답안 전송 ➡ 시험 종료
◈ 시험 시작 전 시험과 무관한 프로그램의 실행을 중지시켜 주시기 바랍니다(채팅, 파일공유 등).
◈ 문제에 (정답)이라고 표시되어 있으면 정답만을 작성란에 기재하고, (정답, URL)이라고 표시되어 있으면 정답과 함께 URL을 반드시 기재하시기 바랍니다. 이를 준수하지 않을 경우 감점, 오답 처리 등 불이익이 있을 수 있습니다.
◈ 문제 번호에 따라 정답을 아래와 같이 답안파일에 정확히 기록하십시오.

문제유형		수험번호		성명	
문제번호			답안		
6	정답	대한민국			

◈ 4번 문제는 번호에 따라 정답과 URL을 아래와 같이 답안파일에 정확히 기록하십시오(URL은 정답을 확인할 수 있는 최종 URL을 기재하십시오).

4	정답	ITQ정보기술자격
	URL	http://www.itq.or.kr/t_info/t_info_1.asp

◈ 4번 문제의 경우 개인 홈페이지나 블로그, 지식 검색(예 : 지식iN, 위키피디아 등)과 같이 개인사견이 들어 있는 사이트, 첨부파일은 정답으로 인정하지 않습니다.
◈ 9번의 이미지 파일은 인터넷 답안지에 삽입한 후 반드시 지정된 이미지 크기로 변경하시기 바랍니다.
◈ 문제에서 제시한 단위, Full name 등의 조건에 맞도록 답안을 작성하시기 바랍니다.

 인터넷 윤리 (60점, 각 30점)

※ 문제에 대한 적절한 내용의 번호를 골라 답안지에 기재하시오.

[문제 1] 다음 중 인터넷 사이트 회원가입 시 비밀번호로 보안이 가장 좋은 것은?

① 0000
② itopitqgtq
③ hk@97#!4g&
④ 123456789012

[문제 2] 다음 중 인터넷 중독 예방지침으로 옳지 않은 것은?

• 보기 •

① 컴퓨터는 사용하기 편하게 항상 켜놓는다.
② 컴퓨터 사용시간은 가족과 상의하여 결정한다.
③ 인터넷 사용 조절이 어려우면 시간 관리 프로그램을 설치한다.
④ 인터넷 사용 이외에 운동이나 취미활동 시간을 늘린다.

 인터넷 검색 (370점)

■ 일반검색 I 각 10점

[문제 3] 다음 노벨상 부문의 수상자 이름을 〈보기〉에서 찾아 해당 번호를 답안지에 적으시오(번호).

3-1) The Nobel Prize in Physics 2017(물리학상) ················ (   )
3-2) The Nobel Prize in Chemistry 2017(화학상) ··············· (   )
3-3) The Nobel Prize in Physiology or Medicine 2017(생리 · 의학상) ······ (   )

• 보기 •

① Jeffrey C. Hall   ② Barry C. Barish   ③ Emmanuel Charpentier
④ Richard Henderson   ⑤ Ronald Drever

■ 일반검색 II

각 50점

[문제 4] 위치 정보 솔루션에 바탕을 두고 반경을 설정하는 기술로 사용자가 특정 위치에 도착하거나 벗어나는 것을 알릴 때 사용된다. 스마트폰 사용자 위치를 추적·분석해 타인에게 알려주는 것이 핵심이다. 이 기술의 이름을 검색하시오(정답, URL).

[문제 5] 국립중앙도서관의 소장 도서 중 2017년에 발행된 '문명과 전쟁'(아자 가트 지음)의 청구기호를 검색하여 KDC(한국십진분류표)에서 10가지 대분류 중 어느 주제에 해당하는지 검색하시오(정답).

■ 가로·세로 정보검색

각 30점

※ 아래 각 문제의 설명을 읽고 가로·세로에 알맞은 단어를 답안에 기재하시오(정답).

[문제 6] (가로) '아랫사람에게 묻는 것이 수치가 아니다'라는 뜻으로, 누구에게든지 물어서 식견을 넓힘을 이르는 사자성어를 검색하시오.

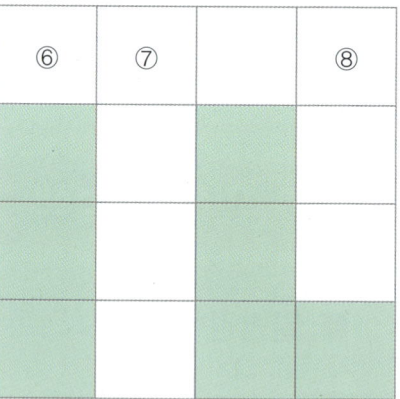

[문제 7] (세로) '어려움 없이 쉽게 다루거나 대할 만하다'를 이르는 우리말을 검색하시오.

[문제 8] (세로) 조선 시대에, 죄인의 볼기를 치는 데 쓰던 곤장을 무엇이라 했는지 검색하시오.

■ **실용검색** 　　　　　　　　　　　　　　　　　　　　　　　　　　　　　　　　　　　　　각 50점

[문제 9]　길 찾기 서비스(포털 및 전문 검색사이트)를 이용하여 <u>광주광역시청</u> 정문에서 <u>상무조각공원 주차장</u>을 도보로 가는 지도 경로를 찾아 전체화면(경로 검색화면 포함)을 캡처하여 답안 파일에 붙여 넣으시오(이미지 크기 150mm x 100mm).

[문제 10]　계란 생산자는 계란 껍데기에 생산지 시·도를 구분하는 숫자 2자리와 생산자명의 영문 약자(영문 3자리) 또는 생산자명을 나타내는 기호(숫자 3자리)를 포함해 총 5자리를 표시해야 한다. 시·도별 숫자가 '09'번인 곳은 <u>어느 지역</u>인지 검색하시오(정답).

[문제 11]　2017년 10월 27일(금)에 유네스코 인류무형문화유산 우표가 발행되었다. 이번에 발행된 우표 소재의 국가무형문화재 <u>지정번호</u>를 검색하시오(정답).

정보 가공　　　　　　　　　　　　　　　　　　　　　　　　　　　　　(70점)

※ 제시된 주제에 따라 답안을 완성하시오.

[문제 12]　정보통신 분야 최고의 글로벌 전문가들이 대한민국 부산에 모이는, 세계 최대·최고 정보통신분야 올림픽 'ITU 텔레콤 월드 2017'이 부산 벡스코에서 개최됐다. ITU 텔레콤 월드 2017에대한 정보를 검색하여 다음의 안내문 내용을 완성하시오.

[답안]

ITU Telecom World 2017	
(12-1) ITU(국제 전기 통신 연합) 엠블럼(logo) <u>이미지</u>	(12-2) ITU Telecom World 2017 <u>행사기간</u>(월일) (12-3) ITU Telecom World 2017 <u>주제</u>(영문) (12-4) 한국의 2016 글로벌 ICT 발전 <u>지수</u> (Global ICT Development Index, IDI 2016 Value)

제08회 실전모의고사

과목	코드	문제유형	시험시간	수험번호	성명
인터넷	1152	C	60분		

수험자 유의사항

- 수험자는 문제지를 받는 즉시 **응시하고자 하는 과목의 문제지가 맞는지 확인**하여야 합니다.
- 시험과 직접 관련이 없는 행위 즉, 각종 웹사이트 로그인, 댓글 달기, 게시, 자료 업로드 등의 행위 또는 답안 내역을 보조기억장치 및 기타 통신수단(게시판, 이메일, 메신저, 네트워크 등)을 이용하여 타인에게 전달 또는 외부로 반출하는 경우는 자격기본법 제32에 의거 부정행위로 간주되어 본 시험 및 국가공인 자격시험을 2년간 응시할 수 없습니다.
- 내문서₩ITQ 또는 라이브러리₩문서₩ITQ 폴더의 "답안파일-인터넷.hwp" 파일을 열어 파일 이름을 "수험번호-성명-인터넷.hwp"로 답안폴더에 다시 저장한 후 답안 작성을 시작하여야 하며, 답안문서 파일명이 일치하지 않을 경우 실격 처리됩니다(예 : 12345678-홍길동-인터넷.hwp). (시험시 제공되는 답안파일 양식을 사용하지 않을 경우에는 0점 처리됨)
- 답안 작성을 마치면 파일을 저장하고, '답안 전송' 버튼을 선택하여 감독위원 PC로 답안을 전송하십시오. 수험자 정보와 저장한 파일명이 다를 경우 전송되지 않으므로 주의하시기 바랍니다.
- 답안 작성 중에도 **주기적으로 저장하고 답안을 전송**하여야 문제 발생을 줄일 수 있습니다. 작업한 내용을 저장하지 않고 전송할 경우 이전에 저장된 내용이 전송되오니 이점 유의하시기 바랍니다.
- 시험 중 부주의 또는 고의로 시스템을 파손한 경우는 수험자가 변상해야 하며, 〈수험자 유의사항〉에 기재된 방법대로 이행하지 않아 생기는 불이익은 수험자 당사자의 책임임을 알려 드립니다.
- 시험을 완료한 수험자는 답안파일이 전송되었는지 확인한 후 감독위원의 지시에 따라 문제지를 제출하고 퇴실합니다.

답안 작성요령

- 온라인 답안 작성 절차
  수험자 등록 ➡ 시험 시작 ➡ 답안파일 저장 ➡ 답안 전송 ➡ 시험 종료
- 시험 시작 전 시험과 무관한 프로그램의 실행을 중지시켜 주시기 바랍니다(채팅, 파일공유 등).
- 문제에 (정답)이라고 표시되어 있으면 정답만을 작성란에 기재하고, (정답, URL)이라고 표시되어 있으면 정답과 함께 URL을 반드시 기재하시기 바랍니다. 이를 준수하지 않을 경우 감점, 오답 처리 등 불이익이 있을 수 있습니다.
- 문제 번호에 따라 정답을 아래와 같이 답안파일에 정확히 기록하십시오.

문제유형		수험번호		성명	
문제번호			답안		
6	정답	대한민국			

- 4번 문제는 번호에 따라 정답과 URL을 아래와 같이 답안파일에 정확히 기록하십시오(URL은 정답을 확인할 수 있는 최종 URL을 기재하십시오).

4	정답	ITQ정보기술자격
	URL	http://www.itq.or.kr/t_info/t_info_1.asp

- 4번 문제의 경우 개인 홈페이지나 블로그, 지식 검색(예 : 지식iN, 위키피디아 등)과 같이 개인사견이 들어 있는 사이트, 첨부파일은 정답으로 인정하지 않습니다.
- 9번의 이미지 파일은 인터넷 답안지에 삽입한 후 반드시 지정된 이미지 크기로 변경하시기 바랍니다.
- 문제에서 제시한 단위, Full name 등의 조건에 맞도록 답안을 작성하시기 바랍니다.

인터넷 윤리 (60점, 각 30점)

※ 문제에 대한 적절한 내용의 번호를 골라 답안지에 기재하시오.

[문제 1] 다음 중 스마트폰 중독증상이 아닌 것은?

① 스마트폰을 사용하지 못하면 온 세상을 잃은 것 같은 생각이 든다.
② 스마트폰을 사용하는 것보다 가족이나 친구들과 함께 있는 것이 더 즐겁다.
③ 스마트폰을 사용할 때 그만해야 한다고 생각은 하면서도 계속한다.
④ 스마트폰 사용에 많은 시간을 보내는 것이 습관화 되었다.

[문제 2] 다음 중 악성코드를 이용한 피싱 사기 피해를 예방하는 방법으로 옳지 않은 것은?

• 보기 •
① 공용 PC 이용 시 보안검사를 실시하며 이용 후 반드시 로그아웃 버튼을 누르기
② 메신저 비밀번호는 주기적으로 변경하기
③ 보안백신을 설치하고 주기적으로 업데이트하기
④ 노트북에 비밀번호를 설정하여 사용하기

인터넷 검색 (370점)

■ 일반검색 I 각 10점

[문제 3] 아시아 태평양 경제협력체(APEC; Asia-Pacific Economic Cooperation) 개최국을 〈보기〉에서 찾아 해당 번호를 답안지에 적으시오(번호).

3-1) APEC 2017 ·· (   )
3-2) APEC 2018 ·· (   )
3-3) APEC 2019 ·· (   )

• 보기 •
① Chile   ② Malaysia   ③ Viet Nam
④ Korea   ⑤ Papua New Guinea

■ 일반검색 II (각 50점)

[문제 4] LTE 기반의 동시 멀티미디어 전송 기술 등을 이용하여 특정 지역 내 다수의 사람들에게 그룹통신을 제공하는 기술로, 하나의 공용 방송 채널을 통해 대규모 그룹 통신이 가능하여 대형 재난 지역에 밀집된 수백 명의 구조 요원들이 재난 현장 상황을 실시간으로 공유할 수 있다. 이 기술을 <u>무엇</u>이라 하는지 검색하시오(정답, URL).

[문제 5] 2017년 11월 2일 발생해서 11월 4일 소멸한 태풍은 베트남에 큰 피해를 주었으며 2012년에는 대한민국에 영향을 준 2번째 태풍이었다. 이 태풍의 <u>이름</u>을 검색하시오(정답).

■ 가로·세로 정보검색 (각 30점)

※ 아래 각 문제의 설명을 읽고 가로·세로에 알맞은 단어를 답안에 기재하시오(정답).

[문제 6] (가로) '개구리가 올챙이였던 때의 일'이라는 뜻으로, 발전된 현재에 비해서 매우 뒤떨어진 과거의 일을 이르는 <u>사자성어</u>를 검색하시오.

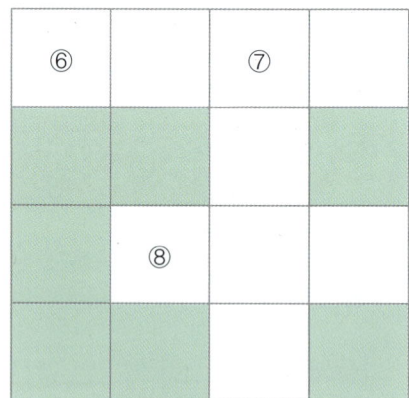

[문제 7] (세로) '별로 힘들이지 않고 거의 저절로'를 이르는 <u>우리말</u>을 검색하시오.

[문제 8] (가로) 동양화에서 씨름하는 장면을 그린 그림을 <u>무엇</u>이라 하는지 검색하시오.

■ **실용검색**　　　　　　　　　　　　　　　　　　　　　　　　　　　　　각 50점

[문제 9] 길 찾기 서비스(포털 및 전문 검색사이트)를 이용하여 서울 낙성대역 4번 출구에서 낙성대공원 입구를 도보로 가는 지도 경로를 찾아 전체화면(경로 검색화면 포함)을 캡처하여 답안 파일에 붙여 넣으시오(이미지 크기 150mm x 100mm).

[문제 10] 우정사업본부는 한국-스리랑카 수교 40주년을 맞이해 양국의 화려한 전통문화를 느낄 수 있는 궁중무용을 소재로 기념우표를 발행하였다. 우표 도안 소재로 사용한 스리랑카 궁중무용 이름을 검색하시오(정답).

[문제 11] 제13차 유네스코 세계기록유산 국제자문위원회의 권고로 조선왕실 어보와 어책, 국채보상운동 기록물, 조선통신사기록물이 세계기록유산으로 확정되어 대한민국은 총 16건의 세계기록유산을 보유하게 되었으며, 북한은 이번에 처음으로 세계기록유산을 등재하였다. 북한의 세계기록유산의 이름을 검색하시오(정답).

정보 가공　　　　　　　　　　　(70점)

※ 제시된 주제에 따라 답안을 완성하시오.

[문제 12] 2018년 FIFA 러시아 월드컵은 월드컵 사상 첫 번째로 동유럽에서 개최하는 대회로, 러시아는 역대 개최국 가운데 가장 거대한 나라이면서 가장 추운 나라이다. 2018 FIFA 러시아 월드컵에 대한 정보를 검색하여 다음의 안내문 내용을 완성하시오.

[답안]

2018 FIFA 러시아 월드컵	
(12-1) 2018 FIFA 러시아 월드컵 공인구 이미지	(12-2) 2018 FIFA 러시아 월드컵 개최기간(개최국 날짜 기준)
	(12-3) 2018 FIFA 러시아 월드컵 마스코트 이름
	(12-4) 2018 FIFA 러시아 월드컵 결승전 경기장 이름

실전모의고사

과목	코드	문제유형	시험시간	수험번호	성명
인터넷	1152	D	60분		

수험자 유의사항

◆ 수험자는 문제지를 받는 즉시 **응시하고자 하는 과목의 문제지가 맞는지 확인**하여야 합니다.
◆ 시험과 직접 관련이 없는 행위 즉, 각종 웹사이트 로그인, 댓글 달기, 게시, 자료 업로드 등의 행위 또는 답안 내역을 보조기억장치 및 기타 통신수단(게시판, 이메일, 메신저, 네트워크 등)을 이용하여 타인에게 전달 또는 외부로 반출하는 경우는 자격기본법 제32에 의거 부정행위로 간주되어 본 시험 및 국가공인 자격시험을 2년간 응시할 수 없습니다.
◆ 내문서\ITQ 또는 라이브러리\문서\ITQ 폴더의 "답안파일-인터넷.hwp" 파일을 열어 파일 이름을 "수험번호-성명-인터넷.hwp"로 답안폴더에 다시 저장한 후 답안 작성을 시작하여야 하며, 답안문서 파일명이 일치하지 않을 경우 실격 처리됩니다(예 : 12345678-홍길동-인터넷.hwp). (시험시 제공되는 답안파일 양식을 사용하지 않을 경우에는 0점 처리됨)
◆ 답안 작성을 마치면 파일을 저장하고, '답안 전송' 버튼을 선택하여 감독위원 PC로 답안을 전송하십시오. 수험자 정보와 저장한 파일명이 다를 경우 전송되지 않으므로 주의하시기 바랍니다.
◆ 답안 작성 중에도 **주기적으로 저장하고 답안을 전송**하여야 문제 발생을 줄일 수 있습니다. 작업한 내용을 저장하지 않고 전송할 경우 이전에 저장된 내용이 전송되오니 이점 유의하시기 바랍니다.
◆ 시험 중 부주의 또는 고의로 시스템을 파손한 경우는 수험자가 변상해야 하며, 〈수험자 유의사항〉에 기재된 방법대로 이행하지 않아 생기는 불이익은 수험자 당사자의 책임임을 알려 드립니다.
◆ 시험을 완료한 수험자는 답안파일이 전송되었는지 확인한 후 감독위원의 지시에 따라 문제지를 제출하고 퇴실합니다.

답안 작성요령

◆ 온라인 답안 작성 절차
　수험자 등록 ➡ 시험 시작 ➡ 답안파일 저장 ➡ 답안 전송 ➡ 시험 종료
◆ 시험 시작 전 시험과 무관한 프로그램의 실행을 중지시켜 주시기 바랍니다(채팅, 파일공유 등).
◆ 문제에 (정답)이라고 표시되어 있으면 정답만을 작성란에 기재하고, (정답, URL)이라고 표시되어 있으면 정답과 함께 URL을 반드시 기재하시기 바랍니다. 이를 준수하지 않을 경우 감점, 오답 처리 등 불이익이 있을 수 있습니다.
◆ 문제 번호에 따라 정답을 아래와 같이 답안파일에 정확히 기록하십시오.

문제유형		수험번호		성명	
문제번호			답안		
6	정답	대한민국			

◆ 4번 문제는 번호에 따라 정답과 URL을 아래와 같이 답안파일에 정확히 기록하십시오(URL은 정답을 확인할 수 있는 최종 URL을 기재하십시오).

4	정답	ITQ정보기술자격
	URL	http://www.itq.or.kr/t_info/t_info_1.asp

◆ 4번 문제의 경우 개인 홈페이지나 블로그, 지식 검색(예 : 지식iN, 위키피디아 등)과 같이 개인사견이 들어 있는 사이트, 첨부파일은 정답으로 인정하지 않습니다.
◆ 9번의 이미지 파일은 인터넷 답안지에 삽입한 후 반드시 지정된 이미지 크기로 변경하시기 바랍니다.
◆ 문제에서 제시한 단위, Full name 등의 조건에 맞도록 답안을 작성하시기 바랍니다.

인터넷 윤리 (60점, 각 30점)

※ 문제에 대한 적절한 내용의 번호를 골라 답안지에 기재하시오.

[문제 1] 다음 중 스마트폰 정보보호를 위한 이용자 안전수칙으로 옳지 않은 것은?

① 다운로드 한 파일은 바이러스 유무를 검사한 후 사용한다.
② 운영체제 및 백신 프로그램을 항상 최신 버전으로 업데이트한다.
③ 스마트폰 플랫폼의 구조를 임의로 변경하지 않는다.
④ 블루투스(Bluetooth) 기능 등 무선 인터페이스는 항상 켜놓는다.

[문제 2] 다음 중 보이스피싱 사기 유형에 해당하는 것은?

• 보기 •
① 공신력 있는 업체나 금융기관의 위장 사이트를 개설하여 금융정보를 수집한 후 이를 악용하여 금전적 이익을 노리는 행위
② 휴대폰으로 링크가 포함된 문자를 보내 사용자가 웹사이트에 접속하면 악성코드를 주입해 개인 정보를 탈취하는 행위
③ 검찰, 금융감독원을 사칭하여 금융정보유출이나 범죄사건 연루 등으로부터 피해자를 보호해주겠다며 송금을 요구하는 행위
④ 해커가 이용자의 컴퓨터에 악성 코드를 설치하여 정상적인 주소를 입력해도 위조사이트로 이동하게 하여 금융정보를 탈취하는 행위

인터넷 검색 (370점)

■ 일반검색 I

각 10점

[문제 3] 지자체별 공공자전거의 이름을 〈보기〉에서 찾아 해당 번호를 답안지에 적으시오(번호).

3-1) 대전광역시 ·· (   )
3-2) 전라남도 순천시 ·································· (   )
3-3) 경상남도 거창군 ·································· (   )

• 보기 •
① 누비자 ② 타슈 ③ 그린씽 ④ 온누리 ⑤ 페달로

■ 일반검색 II
각 50점

[문제 4] 인터넷에서 이미지, 동영상, 해시태그, 유행어 등의 형태로 급속도로 확산되어 사회 문화의 일부로 자리 잡은 소셜 아이디어, 활동, 트렌드 등을 일컫는 용어를 검색하시오(정답, URL).

[문제 5] 통계청이 발표한 '2017년 쌀 생산량 조사 결과'에 따르면 올해 쌀 생산량이 8년 전인 2009년보다 약 95만 톤이 줄어든 3,972,468톤으로 나타났다. 2017년 경상북도 미곡 생산량 (백미, 92.9%)(단위: 톤)을 검색하시오(정답).

■ 가로 • 세로 정보검색
각 30점

※ 아래 각 문제의 설명을 읽고 가로·세로에 알맞은 단어를 답안에 기재하시오(정답).

[문제 6] (세로) '한창 바쁠 때 쓸데없는 일로 남을 귀찮게 구는 짓'을 이르는 우리말을 검색하시오.

[문제 7] (가로) '범인과 성인의 구별은 있지만, 본성은 일체 평등하다'를 의미하는 사자성어를 검색하시오.

[문제 8] (세로) 조선 세종 때의 연향(宴享) 음악의 하나로 한문 가사에 경기체가 형식으로 되어 있다. 이 음악을 무엇이라 했는지 검색하시오.

■ 실용검색 각 50점

[문제 9] 지하철 노선 경로 찾기 서비스(포털 및 전문 검색사이트)를 이용하여 부산 <u>오시리아역</u>에서 <u>낙민역</u>을 지하철로 가는 경로(최소시간)를 찾아 전체화면(경로 검색화면 포함)을 캡처하여 답안 파일에 붙여 넣으시오(이미지 크기 150mm x 100mm).

[문제 10] 2018 FIFA 러시아 월드컵 본선에서 한국은 독일, 멕시코, 스웨덴과 한 조를 이루어 조별 리그를 벌이게 되었다. 한국이 속한 조에서 조 2위로 16강에 올라갔을 경우 16강전을 치를 경기장이 있는 <u>도시 이름</u>을 검색하시오(정답).

[문제 11] 전기충전소 현황은 '환경부 전기차 충전소'와 '한국전력 전기차 충전서비스'에서 실시간으로 확인할 수 있다. 공공기관(환경부 또는 한국전력)에서 운영하는 강원도 철원군 전기충전소의 <u>위치</u>(도로명 주소)를 검색하시오(정답).

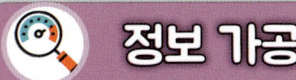 **정보 가공** (70점)

※ 제시된 주제에 따라 답안을 완성하시오.

[문제 12] '또 하나의 인천공항'으로 불리는 인천국제공항 제2여객터미널이 개장되었다. 인천국제공항 제2여객터미널에 대한 정보를 검색하여 다음의 안내문 내용을 완성하시오.

[답안]

인천국제공항 제2여객터미널	
(12-1) 인천국제공항공사 슬로건 <u>이미지</u>	(12-2) 인천공항 제2여객터미널 <u>오픈일</u>(월일)
	(12-3) 인천공항 제2여객터미널 <u>취항항공사</u>(4개)
	(12-4) 인천공항 2터미널역 공항철도(직통열차) 첫차 <u>출발시각</u>

제10회 실전모의고사

과목	코드	문제유형	시험시간	수험번호	성명
인터넷	1152	E	60분		

수험자 유의사항

- ◈ 수험자는 문제지를 받는 즉시 **응시하고자 하는 과목의 문제지가 맞는지 확인**하여야 합니다.
- ◈ 시험과 직접 관련이 없는 행위 즉, 각종 웹사이트 로그인, 댓글 달기, 게시, 자료 업로드 등의 행위 또는 답안 내역을 보조기억장치 및 기타 통신수단(게시판, 이메일, 메신저, 네트워크 등)을 이용하여 타인에게 전달 또는 외부로 반출하는 경우는 자격기본법 제32에 의거 부정행위로 간주되어 본 시험 및 국가공인 자격시험을 2년간 응시할 수 없습니다.
- ◈ 내문서₩ITQ 또는 라이브러리₩문서₩ITQ 폴더의 "답안파일-인터넷.hwp" 파일을 열어 파일 이름을 "수험번호-성명-인터넷.hwp"로 답안폴더에 다시 저장한 후 답안 작성을 시작하여야 하며, 답안문서 파일명이 일치하지 않을 경우 실격 처리됩니다(예 : 12345678-홍길동-인터넷.hwp). (시험시 제공되는 답안파일 양식을 사용하지 않을 경우에는 0점 처리됨)
- ◈ 답안 작성을 마치면 파일을 저장하고, '답안 전송' 버튼을 선택하여 감독위원 PC로 답안을 전송하십시오. 수험자 정보와 저장한 파일명이 다를 경우 전송되지 않으므로 주의하시기 바랍니다.
- ◈ 답안 작성 중에도 **주기적으로 저장하고 답안을 전송**하여야 문제 발생을 줄일 수 있습니다. 작업한 내용을 저장하지 않고 전송할 경우 이전에 저장된 내용이 전송되오니 이점 유의하시기 바랍니다.
- ◈ 시험 중 부주의 또는 고의로 시스템을 파손한 경우는 수험자가 변상해야 하며, 〈수험자 유의사항〉에 기재된 방법대로 이행하지 않아 생기는 불이익은 수험자 당사자의 책임임을 알려 드립니다.
- ◈ 시험을 완료한 수험자는 답안파일이 전송되었는지 확인한 후 감독위원의 지시에 따라 문제지를 제출하고 퇴실합니다.

답안 작성요령

- ◈ 온라인 답안 작성 절차
  수험자 등록 ➡ 시험 시작 ➡ 답안파일 저장 ➡ 답안 전송 ➡ 시험 종료
- ◈ 시험 시작 전 시험과 무관한 프로그램의 실행을 중지시켜 주시기 바랍니다(채팅, 파일공유 등).
- ◈ 문제에 (정답)이라고 표시되어 있으면 정답만을 작성란에 기재하고, (정답, URL)이라고 표시되어 있으면 정답과 함께 URL을 반드시 기재하시기 바랍니다. 이를 준수하지 않을 경우 감점, 오답 처리 등 불이익이 있을 수 있습니다.
- ◈ 문제 번호에 따라 정답을 아래와 같이 답안파일에 정확히 기록하십시오.

문제유형		수험번호		성명	
문제번호				답안	
6	정답	대한민국			

- ◈ 4번 문제는 번호에 따라 정답과 URL을 아래와 같이 답안파일에 정확히 기록하십시오(URL은 정답을 확인할 수 있는 최종 URL을 기재하십시오).

4	정답	ITQ정보기술자격
	URL	http://www.itq.or.kr/t_info/t_info_1.asp

- ◈ 4번 문제의 경우 개인 홈페이지나 블로그, 지식 검색(예 : 지식iN, 위키피디아 등)과 같이 개인사견이 들어 있는 사이트, 첨부파일은 정답으로 인정하지 않습니다.
- ◈ 9번의 이미지 파일은 인터넷 답안지에 삽입한 후 반드시 지정된 이미지 크기로 변경하시기 바랍니다.
- ◈ 문제에서 제시한 단위, Full name 등의 조건에 맞도록 답안을 작성하시기 바랍니다.

인터넷 윤리 (60점, 각 30점)

※ 문제에 대한 적절한 내용의 번호를 골라 답안지에 기재하시오.

[문제 1] 다음 중 보안이 가장 우수한 비밀번호 사용법으로 옳은 것은?

① 영문, 숫자, 기호로 조합한 10자리 이상의 비밀번호 만들기
② 가족, 친구 등과 비밀번호 공유하기
③ 하나의 비밀번호로 모든 사이트 이용하기
④ 12345와 같이 기억하기 쉬운 숫자로 된 비밀번호 만들기

[문제 2] 다음 중 인터넷 중독 증상을 나타내고 있는 것은?

• 보기 •
① 인터넷을 이용하여 쇼핑과 자료검색을 한다.
② 인터넷을 하루에 2시간 사용한다.
③ 아바타에 의존하고 대인관계가 줄어든다.
④ 상대방과 전화 통화시간이 길어진다.

인터넷 검색 (370점)

■ 일반검색 I 각 10점

[문제 3] 다음 영화제의 개최기간을 〈보기〉에서 찾아 해당 번호를 답안지에 적으시오(번호).

3-1) Festival de Cannes 2018 ………………………………………… (   )
3-2) Berlin International Film Festival 2018 ……………………… (   )
3-3) International Film Festival Rotterdam 2018 ………………… (   )

• 보기 •
① 1월 24일 - 2월 4일   ② 2월 15일 - 2월 25일   ③ 4월 27일 - 5월 6일
④ 5월 8일 - 5월 19일   ⑤ 5월 18일 - 5월 24일

■ 일반검색 II 　　　　　　　　　　　　　　　　　　　　　　　　　　　　　각 50점

[문제 4]　컴퓨터에서 컴파일러 또는 번역기가 원시 부호를 기계어로 번역하는 과정의 한 단계로, 각 문장의 문법적인 구성 또는 구문을 분석하는 과정이다. 이것을 일컫는 용어를 검색하시오(정답, URL).

[문제 5]　표준지공시지가는 토지대장의 지번을 근거로 결정·공시하므로, 토지 지번을 기준으로 공시지가의 검색·확인이 가능하며, 해당 도로명 주소의 지번은 "도로명주소 안내 시스템"을 통하여 확인 가능하다. 다음 소재지의 2017년 표준지공시지가(단위: 원/㎡)를 검색하시오(정답).

　　　　　서울특별시 중구 소공로 66 (중앙우체국 남측 인근)

■ 가로·세로 정보검색 　　　　　　　　　　　　　　　　　　　　　　　　각 30점

※ 아래 각 문제의 설명을 읽고 가로·세로에 알맞은 단어를 답안에 기재하시오(정답).

[문제 6]　(세로) '말이나 행동이 침착하고 단정하지 못하며 어설프고 서투른 모양'을 이르는 우리말을 검색하시오.

[문제 7]　(세로) 1922년에 중국 상하이에서 김구, 여운형 등이 조직한 독립운동 단체로 군인 양성과 군비 조달에 주력하였다. 이 단체의 이름을 검색하시오.

[문제 8]　(가로) '입 다물기를 병마개 막듯이 하라'는 뜻으로, 비밀을 남에게 말하지 말라는 의미의 사자성어를 검색하시오.

■ 실용검색 각 50점

[문제 9] 길 찾기 서비스(포털 및 전문 검색사이트)를 이용하여 강릉역 2번 출구에서 강릉아이스아레나 입구를 도보로 가는 지도 경로를 찾아 전체화면(경로 검색화면 포함)을 캡처하여 답안 파일에 붙여 넣으시오(이미지 크기 150mm x 100mm).

[문제 10] 유네스코 세계유산은 '탁월한 보편적 가치(OUV : Outstanding Universal Value)'를 갖고 있는 부동산 유산을 대상으로 한다. 세계유산 운영지침은 유산의 탁월한 가치를 평가하기 위한 기준으로 10가지 가치 평가 기준을 제시하고 있다. 2015년에 세계유산으로 등재된 백제역사유적지구는 등재기준 중 몇 번과 몇 번을 충족하여 등재되었는지 검색하시오(정답).

[문제 11] 사전투표는 선거권이 있는 사람이면 누구든지 선거일 전에 사전투표소가 설치된 전국 어디에서나 투표할 수 있는 제도이다. 제7회 전국동시지방선거의 사전투표기간(월일)을 검색하시오(정답).

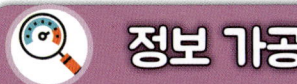 정보 가공 (70점)

※ 제시된 주제에 따라 답안을 완성하시오.

[문제 12] 아시안 게임(Asian Games, 아시아 경기 대회, 아시아드)은 4년마다 열리는 아시아의 국가들을 위한 종합 스포츠 대회로 인도네시아에서 2019년에 개최 예정이었으나 자국의 대통령 선거가 2019년에 실시된다는 점을 감안하여 2018년 개최하게 되었다. 제18회 아시아경기대회에 대한 정보를 검색하여 다음의 안내문 내용을 완성하시오.

[답안]

제18회 아시아경기대회(아시안게임)	
(12-1) 제18회 아시아경기대회 엠블럼(emblem) 이미지	(12-2) 개최 도시(2곳) (12-3) 개최 기간(월일) (12-4) 주경기장 이름

제11회 실전모의고사

과목	코드	문제유형	시험시간	수험번호	성명
인터넷	1152	A	60분		

수험자 유의사항

◆ 수험자는 문제지를 받는 즉시 **응시하고자 하는 과목의 문제지가 맞는지 확인**하여야 합니다.
◆ 시험과 직접 관련이 없는 행위 즉, 각종 웹사이트 로그인, 댓글 달기, 게시, 자료 업로드 등의 행위 또는 답안 내역을 보조기억장치 및 기타 통신수단(게시판, 이메일, 메신저, 네트워크 등)을 이용하여 타인에게 전달 또는 외부로 반출하는 경우는 자격기본법 제32에 의거 부정행위로 간주되어 본 시험 및 국가공인 자격시험을 2년간 응시할 수 없습니다.
◆ 내문서₩ITQ 또는 라이브러리₩문서₩ITQ 폴더의 "답안파일-인터넷.hwp" 파일을 열어 파일 이름을 "수험번호-성명-인터넷.hwp"로 답안폴더에 다시 저장한 후 답안 작성을 시작하여야 하며, 답안문서 파일명이 일치하지 않을 경우 실격 처리됩니다(예 : 12345678-홍길동-인터넷.hwp). (시험시 제공되는 답안파일 양식을 사용하지 않을 경우에는 0점 처리됨)
◆ 답안 작성을 마치면 파일을 저장하고, '답안 전송' 버튼을 선택하여 감독위원 PC로 답안을 전송하십시오. 수험자 정보와 저장한 파일명이 다를 경우 전송되지 않으므로 주의하시기 바랍니다.
◆ 답안 작성 중에도 **주기적으로 저장하고 답안을 전송**하여야 문제 발생을 줄일 수 있습니다. 작업한 내용을 저장하지 않고 전송할 경우 이전에 저장된 내용이 전송되오니 이점 유의하시기 바랍니다.
◆ 시험 중 부주의 또는 고의로 시스템을 파손한 경우는 수험자가 변상해야 하며, 〈수험자 유의사항〉에 기재된 방법대로 이행하지 않아 생기는 불이익은 수험자 당사자의 책임임을 알려 드립니다.
◆ 시험을 완료한 수험자는 답안파일이 전송되었는지 확인한 후 감독위원의 지시에 따라 문제지를 제출하고 퇴실합니다.

답안 작성요령

◆ 온라인 답안 작성 절차
  수험자 등록 ➡ 시험 시작 ➡ 답안파일 저장 ➡ 답안 전송 ➡ 시험 종료
◆ 시험 시작 전 시험과 무관한 프로그램의 실행을 중지시켜 주시기 바랍니다(채팅, 파일공유 등).
◆ 문제에 (정답)이라고 표시되어 있으면 정답만을 작성란에 기재하고, (정답, URL)이라고 표시되어 있으면 정답과 함께 URL을 반드시 기재하시기 바랍니다. 이를 준수하지 않을 경우 감점, 오답 처리 등 불이익이 있을 수 있습니다.
◆ 문제 번호에 따라 정답을 아래와 같이 답안파일에 정확히 기록하십시오.

문제유형		수험번호		성명	
문제번호			답안		
6	정답	대한민국			

◆ 4번 문제는 번호에 따라 정답과 URL을 아래와 같이 답안파일에 정확히 기록하십시오(URL은 정답을 확인할 수 있는 최종 URL을 기재하십시오).

4	정답	ITQ정보기술자격
	URL	http://www.itq.or.kr/t_info/t_info_1.asp

◆ 4번 문제의 경우 개인 홈페이지나 블로그, 지식 검색(예 : 지식iN, 위키피디아 등)과 같이 개인사견이 들어 있는 사이트, 첨부파일은 정답으로 인정하지 않습니다.
◆ 9번의 이미지 파일은 인터넷 답안지에 삽입한 후 반드시 지정된 이미지 크기로 변경하시기 바랍니다.
◆ 문제에서 제시한 단위, Full name 등의 조건에 맞도록 답안을 작성하시기 바랍니다.

 인터넷 윤리 (60점, 각 30점)

※ 문제에 대한 적절한 내용의 번호를 골라 답안지에 기재하시오.

[문제 1] 다음 중 정보통신망법에서 보호하는 개인정보의 범위가 아닌 것은?

① 얼굴, 지문, 음성
② 도서 및 비디오 등의 대여기록
③ 자격증 보유내역
④ 법인의 상호, 영업소재지

[문제 2] 다음 중 파밍(pharming)의 수법을 나타내고 있는 것은?

• 보기 •

① 검색엔진에서 은행을 검색하여 접속했는데 위조사이트로 이동하여 개인금융 정보를 입력
② 금융기관을 가장해 온 이메일로 인터넷 사이트에서 개인금융 정보를 입력
③ 문자 메시지의 인터넷주소를 클릭하면 악성코드가 설치되어 피해자가 모르는 사이에 소액결제 피해 발생
④ 엄청난 양의 접속신호를 한 사이트에 집중적으로 보냄으로써 상대 컴퓨터의 서버를 접속 불능 상태로 만들어 버리는 해킹

 인터넷 검색 (370점)

■ 일반검색 I 각 10점

[문제 3] 다음 대한민국의 국가민속문화재 명칭을 〈보기〉에서 찾아 해당 번호를 답안지에 적으시오(번호).

3-1) 제10호 ……………………………………………………………………………… (   )
3-2) 제20호 ……………………………………………………………………………… (   )
3-3) 제31호 ……………………………………………………………………………… (   )

• 보기 •

① 남은들 상여   ② 남원 서천리 당산   ③ 보부상 유품
④ 홍극가 묘 출토복식   ⑤ 창녕 진양하씨 고택

■ 일반검색 II [각 50점]

[문제 4] 가트너 선정 2018년 10대 전략 기술 트렌드의 하나로 '현실 세계에 존재하는 대상이나 시스템의 디지털버전'을 뜻한다. 실제 엔티티 또는 시스템을 디지털 방식으로 표현한 이것을 <u>무엇</u>이라 하는지 검색하시오(정답, URL).

[문제 5] 통계청이 전입신고서를 분석한 '2017년 국내 인구이동 통계'를 보면 국내에서 주소지를 옮긴 인구이동자는 715만 4천 명에 이르며 서울의 순유출(순이동) 인구는 9만 8천 명으로 가장 많았다. 서울시에서 인구 이동이 가장 많았던 노원구의 <u>2017년 순이동 수</u>(단위: 명)를 검색하시오(정답).

■ 가로·세로 정보검색 [각 30점]

※ 아래 각 문제의 설명을 읽고 가로·세로에 알맞은 단어를 답안에 기재하시오(정답).

[문제 6] (세로) '남과 잘 사귀는 솜씨'를 이르는 <u>우리말</u>을 검색하시오.

[문제 7] (세로) 조선 시대에, 감사(監司)·수군통제사·병마절도사가 바뀔 때에 부신(符信)을 서로 주고받던 일을 <u>무엇</u>이라 했는지 검색하시오.

[문제 8] (가로) '돈으로는 귀신도 부릴 수 있다'는 뜻으로, 돈의 위력을 비유한 <u>사자성어</u>를 검색하시오.

■ 실용검색   각 50점

[문제 9]   길 찾기 서비스(포털 및 전문 검색사이트)를 이용하여 충청남도 공주시 공산성 매표소에서 웅진백제문화역사관을 도보로 가는 지도 경로를 찾아 전체화면(경로 검색화면 포함)을 캡처하여 답안 파일에 붙여 넣으시오(이미지 크기 150mm x 100mm).

[문제 10] 지난 2017년 김포공항의 국제선은 2만 371편이 운항하였다. 매주 월/목/일요일에 서울/김포공항에서 출발해서 타이베이/쑹산에 도착하는 항공기(여객기)의 편명을 검색하시오(정답).

[문제 11] 경남 김해시 진영과 부산 기장군을 잇는 부산외곽순환고속도로가 2월 7일 개통했다. 한국도로공사 홈페이지에서 통행요금조회를 찾아 동창원(출발요금소)-기장철마(도착요금소) 간 45.5km를 고속도로를 이용할 경우 1종(소형차)으로 구분되는 일반승용차의 통행 요금(현금 정상요금, 단위 : 원)을 검색하시오(정답).

 정보 가공   (70점)

※ 제시된 주제에 따라 답안을 완성하시오.

[문제 12] 한성백제박물관은 서울특별시 송파구의 고대역사 유적 지역에 건립한 서울시립박물관으로 대한민국 수도 서울의 2천 년 역사를 재조명하고 인근의 선사, 고대 유적과 연계된 역사문화 네트워크 구축을 위해 조성된 곳이다. 한성백제박물관에 대한 정보를 검색하여 다음의 안내문 내용을 완성하시오.

[답안]

한성백제박물관	
(12-1) 서울시 시정 슬로건 영문 디자인 이미지	(12-2) 한성백제박물관 평일 관람시간
	(12-3) 한성백제박물관 개관 날짜(연월일)
	(12-4) 몽촌토성의 국가지정 사적 번호

제12회 실전모의고사

과목	코드	문제유형	시험시간	수험번호	성명
인터넷	1152	B	60분		

수험자 유의사항

- 수험자는 문제지를 받는 즉시 **응시하고자 하는 과목의 문제지가 맞는지 확인**하여야 합니다.
- 시험과 직접 관련이 없는 행위 즉, 각종 웹사이트 로그인, 댓글 달기, 게시, 자료 업로드 등의 행위 또는 답안 내역을 보조기억장치 및 기타 통신수단(게시판, 이메일, 메신저, 네트워크 등)을 이용하여 타인에게 전달 또는 외부로 반출하는 경우는 자격기본법 제32에 의거 부정행위로 간주되어 본 시험 및 국가공인 자격시험을 2년간 응시할 수 없습니다.
- 내문서₩ITQ 또는 라이브러리₩문서₩ITQ 폴더의 "답안파일-인터넷.hwp" 파일을 열어 파일 이름을 "수험번호-성명-인터넷.hwp"로 답안폴더에 다시 저장한 후 답안 작성을 시작하여야 하며, 답안문서 파일명이 일치하지 않을 경우 실격 처리됩니다(예 : 12345678-홍길동-인터넷.hwp). (시험시 제공되는 답안파일 양식을 사용하지 않을 경우에는 0점 처리됨)
- 답안 작성을 마치면 파일을 저장하고, '답안 전송' 버튼을 선택하여 감독위원 PC로 답안을 전송하십시오. 수험자 정보와 저장한 파일명이 다를 경우 전송되지 않으므로 주의하시기 바랍니다.
- 답안 작성 중에도 **주기적으로 저장하고 답안을 전송**하여야 문제 발생을 줄일 수 있습니다. 작업한 내용을 저장하지 않고 전송할 경우 이전에 저장된 내용이 전송되오니 이점 유의하시기 바랍니다.
- 시험 중 부주의 또는 고의로 시스템을 파손한 경우는 수험자가 변상해야 하며, 〈수험자 유의사항〉에 기재된 방법대로 이행하지 않아 생기는 불이익은 수험자 당사자의 책임임을 알려 드립니다.
- 시험을 완료한 수험자는 답안파일이 전송되었는지 확인한 후 감독위원의 지시에 따라 문제지를 제출하고 퇴실합니다.

답안 작성요령

- 온라인 답안 작성 절차
  수험자 등록 ➡ 시험 시작 ➡ 답안파일 저장 ➡ 답안 전송 ➡ 시험 종료
- 시험 시작 전 시험과 무관한 프로그램의 실행을 중지시켜 주시기 바랍니다(채팅, 파일공유 등).
- 문제에 (정답)이라고 표시되어 있으면 정답만을 작성란에 기재하고, (정답, URL)이라고 표시되어 있으면 정답과 함께 URL을 반드시 기재하시기 바랍니다. 이를 준수하지 않을 경우 감점, 오답 처리 등 불이익이 있을 수 있습니다.
- 문제 번호에 따라 정답을 아래와 같이 답안파일에 정확히 기록하십시오.

문제유형		수험번호		성명	
문제번호			답안		
6	정답		대한민국		

- 4번 문제는 번호에 따라 정답과 URL을 아래와 같이 답안파일에 정확히 기록하십시오(URL은 정답을 확인할 수 있는 최종 URL을 기재하십시오).

4	정답	ITQ정보기술자격
	URL	http://www.itq.or.kr/t_info/t_info_1.asp

- 4번 문제의 경우 개인 홈페이지나 블로그, 지식 검색(예 : 지식iN, 위키피디아 등)과 같이 개인사견이 들어 있는 사이트, 첨부파일은 정답으로 인정하지 않습니다.
- 9번의 이미지 파일은 인터넷 답안지에 삽입한 후 반드시 지정된 이미지 크기로 변경하시기 바랍니다.
- 문제에서 제시한 단위, Full name 등의 조건에 맞도록 답안을 작성하시기 바랍니다.

인터넷 윤리 (60점, 각 30점)

※ 문제에 대한 적절한 내용의 번호를 골라 답안지에 기재하시오.

[문제 1]   다음 중 개인정보 오남용 피해방지를 위한 안전 수칙으로 옳지 않은 것은?

① 회원가입을 할 때는 개인정보처리방침 및 약관을 꼼꼼히 살핀다.
② 여러 사람이 함께 사용하는 컴퓨터에서는 금융거래를 이용하지 않는다.
③ 개인정보는 가장 가까운 친구에게만 정보를 공유한다.
④ P2P 공유폴더에 개인정보를 저장하지 않는다.

[문제 2]   다음 중 불법 소프트웨어 단속대상인 것은?

• 보기 •
① 개인이 기업용 소프트웨어를 구매해 사용하는 경우
② 다운로드 소프트웨어를 구매 후 USB에 저장한 경우
③ 한글 OS(윈도 10 등)에 영문 응용프로그램을 사용하고 있는 경우
④ 정품 CD 1장으로 인증서에 표기된 허용 사용자 수 이상 PC에 설치하는 경우

인터넷 검색 (370점)

■ 일반검색 I   각 10점

[문제 3]   다음 2018년 아카데미상(Academy Award, OSCAR)의 수상작품을 〈보기〉에서 찾아 해당 번호를 답안지에 적으시오(번호).

3-1) 각본상 : Writing (Original Screenplay) ·· (   )
3-2) 촬영상 : Cinematography ··· (   )
3-3) 의상상 : Costume Design ··· (   )

• 보기 •
① Blade Runner 2049   ② Call Me by Your Name   ③ Dunkirk
④ Get Out   ⑤ Phantom Thread

■ 일반검색 II   각 50점

[문제 4] 손가락을 떼지 않고 미끄러지듯이 문자 입력이 가능한 입력 방식으로 그림을 그리듯 손가락으로 자판을 스쳐 지나가면 이동 지점을 기억해 순서대로 글자가 저장되어 빠르게 문자 메시지를 입력할 수 있다. 이 방식을 무엇이라 하는지 검색하시오(정답, URL).

[문제 5] 겨울잠을 자던 동물들도 잠을 깬다는 절기상 '경칩'인 이날 아침 일부 지역에서는 영하권을 보인 곳도 있었으나 낮에는 기온이 크게 올라 일교차가 크게 벌어졌다. 2018년 '경칩'인 날에 기상청 대관령 무인관서에서 관측한 일최저기온(단위: ℃)을 검색하시오(정답).

■ 가로·세로 정보검색   각 30점

※ 아래 각 문제의 설명을 읽고 가로·세로에 알맞은 단어를 답안에 기재하시오(정답).

[문제 6] (가로) '재원을 늘리고 지출을 줄인다'는 뜻으로, 부를 이루기 위하여 반드시 지켜야 할 원칙을 비유한 사자성어를 검색하시오.

[문제 7] (세로) '쓸데없는 이야기로 이러쿵저러쿵하는 모양'을 이르는 우리말을 검색하시오.

[문제 8] (세로) 하천의 쟁탈 작용으로 상류 부분이 다른 하천으로 흡수되어 버린 하천을 무엇이라 하는지 검색하시오.

■ 실용검색　　　　　　　　　　　　　　　　　　　　　　　　　　　　각 50점

[문제 9] 지하철 노선 경로 찾기 서비스(포털 및 전문 검색사이트)를 이용하여 수도권 인천터미널역에서 남부터미널역을 지하철(전철)로 가는 경로(최소시간)를 찾아 전체화면(경로 검색화면 포함)을 캡처하여 답안 파일에 붙여 넣으시오(이미지 크기 150mm × 100mm).

[문제 10] 페트로나스 트윈 타워(Petronas Twin Towers)는 말레이시아의 수도인 쿠알라룸푸르에 있는 건물로 세계에서 가장 높은 쌍둥이 건물이라는 이름을 가지고 있다. 페트로나스 트윈 타워 전망대의 티켓요금(Adult Ticket Price; 외국인(Non-Mykad); 화폐단위-RM; 할인 없음)을 검색하시오(정답).

[문제 11] 2018 평창 동계올림픽 쇼트트랙 여자 3,000m 계주 대한민국 대표팀은 예선 1조 경기에서 레이스 초반 넘어지는 악재를 이겨내고 역전 레이스로 조 1위로 결승에 올라 금메달을 따냈다. 예선 1조에서 1위를 차지한 대한민국 대표팀의 예선기록(0분00초000)을 검색하시오(정답).

 정보 가공　　　　　　　　　　　　　　　　(70점)

※ 제시된 주제에 따라 답안을 완성하시오.

[문제 12] 2018 평창 동계 올림픽·패럴림픽이 끝나고 다음 대회는 2020 도쿄 하계 올림픽·패럴림픽이 개최될 예정이다. 2020 도쿄 하계 올림픽·패럴림픽에 대한 정보를 검색하여 다음의 안내문 내용을 완성하시오.

[답안]

	2020 도쿄 하계 올림픽·패럴림픽
(12-1) 2020 도쿄 하계 올림픽·패럴림픽 마스코트 이미지	(12-2) 2020년 하계 올림픽·패럴림픽 개최지를 선정한 제125차 국제올림픽위원회 총회 개최지(국가명, 도시명) (12-3) 2020 도쿄 하계 올림픽 개최기간(월일) (12-4) 2020 도쿄 하계 패럴림픽 개최기간(월일)

제13회 실전모의고사

과목	코드	문제유형	시험시간	수험번호	성명
인터넷	1152	C	60분		

수험자 유의사항

- 수험자는 문제지를 받는 즉시 **응시하고자 하는 과목의 문제지가 맞는지 확인**하여야 합니다.
- 시험과 직접 관련이 없는 행위 즉, 각종 웹사이트 로그인, 댓글 달기, 게시, 자료 업로드 등의 행위 또는 답안 내역을 보조기억장치 및 기타 통신수단(게시판, 이메일, 메신저, 네트워크 등)을 이용하여 타인에게 전달 또는 외부로 반출하는 경우는 자격기본법 제32에 의거 부정행위로 간주되어 본 시험 및 국가공인 자격시험을 2년간 응시할 수 없습니다.
- 내문서₩ITQ 또는 라이브러리₩문서₩ITQ 폴더의 "답안파일-인터넷.hwp" 파일을 열어 파일 이름을 "수험번호-성명-인터넷.hwp"로 답안폴더에 다시 저장한 후 답안 작성을 시작하여야 하며, 답안문서 파일명이 일치하지 않을 경우 실격 처리됩니다(예 : 12345678-홍길동-인터넷.hwp). (시험시 제공되는 답안파일 양식을 사용하지 않을 경우에는 0점 처리됨)
- 답안 작성을 마치면 파일을 저장하고, '답안 전송' 버튼을 선택하여 감독위원 PC로 답안을 전송하십시오. 수험자 정보와 저장한 파일명이 다를 경우 전송되지 않으므로 주의하시기 바랍니다.
- 답안 작성 중에도 **주기적으로 저장하고 답안을 전송**하여야 문제 발생을 줄일 수 있습니다. 작업한 내용을 저장하지 않고 전송할 경우 이전에 저장된 내용이 전송되오니 이점 유의하시기 바랍니다.
- 시험 중 부주의 또는 고의로 시스템을 파손한 경우는 수험자가 변상해야 하며, 〈수험자 유의사항〉에 기재된 방법대로 이행하지 않아 생기는 불이익은 수험자 당사자의 책임임을 알려 드립니다.
- 시험을 완료한 수험자는 답안파일이 전송되었는지 확인한 후 감독위원의 지시에 따라 문제지를 제출하고 퇴실합니다.

답안 작성요령

- 온라인 답안 작성 절차
  수험자 등록 ➡ 시험 시작 ➡ 답안파일 저장 ➡ 답안 전송 ➡ 시험 종료
- 시험 시작 전 시험과 무관한 프로그램의 실행을 중지시켜 주시기 바랍니다(채팅, 파일공유 등).
- 문제에 (정답)이라고 표시되어 있으면 정답만을 작성란에 기재하고, (정답, URL)이라고 표시되어 있으면 정답과 함께 URL을 반드시 기재하시기 바랍니다. 이를 준수하지 않을 경우 감점, 오답 처리 등 불이익이 있을 수 있습니다.
- 문제 번호에 따라 정답을 아래와 같이 답안파일에 정확히 기록하십시오.

문제유형		수험번호		성명	
문제번호			답안		
6	정답	대한민국			

- 4번 문제는 번호에 따라 정답과 URL을 아래와 같이 답안파일에 정확히 기록하십시오(URL은 정답을 확인할 수 있는 최종 URL을 기재하십시오).

4	정답	ITQ정보기술자격
	URL	http://www.itq.or.kr/t_info/t_info_1.asp

- 4번 문제의 경우 개인 홈페이지나 블로그, 지식 검색(예 : 지식iN, 위키피디아 등)과 같이 개인사견이 들어 있는 사이트, 첨부파일은 정답으로 인정하지 않습니다.
- 9번의 이미지 파일은 인터넷 답안지에 삽입한 후 반드시 지정된 이미지 크기로 변경하시기 바랍니다.
- 문제에서 제시한 단위, Full name 등의 조건에 맞도록 답안을 작성하시기 바랍니다.

인터넷 윤리  (60점, 각 30점)

※ 문제에 대한 적절한 내용의 번호를 골라 답안지에 기재하시오.

[문제 1] 다음 중 인터넷의 역기능이 아닌 것은?

① 유해정보 유통
② 쌍방향성
③ 개인정보 침해
④ 인터넷 중독

[문제 2] 안전한 전자상거래를 위한 인터넷쇼핑몰 이용소비자의 안전수칙으로 옳지 않은 것은?

• 보기 •
① 교환, 환불, 반품조건 등을 확인하고 거래한다.
② 안전한 결제가 이루어지는 사이트인지 확인한다.
③ 우수전자거래 사업자 인증(eTrust) 표시가 있는 곳만 이용한다.
④ 사이트에 사업자정보(상호, 주소, 전화번호 등)가 기재되어 있는지 확인한다.

인터넷 검색 (370점)

■ 일반검색 I 각 10점

[문제 3] 다음 책 제목의 ISBN을 〈보기〉에서 찾아 해당 번호를 답안지에 적으시오(번호).

3-1) 방언의 발견 ……………………………………………………………………… (   )
3-2) 처칠 팩터 ……………………………………………………………………… (   )
3-3) 로봇과 일자리 : 어떻게 준비할 것인가? ………………………………… (   )

• 보기 •
① 9788993166798   ② 9788936475093   ③ 9791195592357
④ 9788958205173   ⑤ 9788934978886

■ 일반검색 II **각 50점**

[문제 4] 과자를 먹듯 5~15분의 짧은 시간에 문화 콘텐츠를 소비한다는 뜻으로 웹툰, 웹 소설과 웹 드라마가 대표적 사례이다. 시간과 장소에 구애받지 않고 출퇴근 시간이나 점심시간 등 짧은 시간에 간편하게 문화생활을 즐기는 라이프 스타일을 무엇이라 하는지 검색하시오(정답, URL).

[문제 5] 24절기 중 다섯 번째인 청명을 지난 4월 7일 오후 전국의 수은주가 한 자릿수 대를 기록하였고 서울에서는 이날 새벽 이례적으로 눈도 내린 것으로 확인됐다. 2018년 4월 7일(토) 기상청 서울 유인관서에서 관측한 일평균기온(단위: ℃)을 검색하시오(정답).

■ 가로·세로 정보검색 **각 30점**

※ 아래 각 문제의 설명을 읽고 가로·세로에 알맞은 단어를 답안에 기재하시오(정답).

[문제 6] (세로) '몹시 사납고 엄한 명령'을 비유적으로 이르는 우리말을 검색하시오.

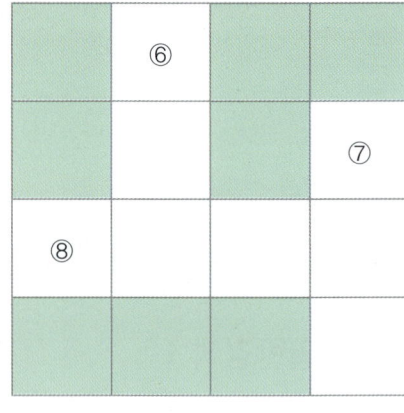

[문제 7] (세로) 궁중 무용의 하나로 죽간자를 든 두 무희와 또 다른 두 무기(舞妓)가 주악과 박 소리에 맞춰 구호와 사(詞)를 부르며 발로 뛰며 춤을 추든지 마주 보거나 등지고 춤을 추며 들어갔다 나갔다 하며 추는 춤을 이른다. 이 무용의 이름을 검색하시오.

[문제 8] (가로) '바다에 파도가 일지 않음'의 뜻으로, 임금의 좋은 정치로 백성이 편안함을 일컫는 사자성어를 검색하시오.

■ 실용검색 [각 50점]

[문제 9] 지하철 노선 경로 찾기 서비스(포털 및 전문 검색사이트)를 이용하여 수도권 한양대역에서 한대앞역을 지하철(전철)로 가는 경로(최소시간)를 찾아 전체화면(경로 검색화면 포함)을 캡처하여 답안 파일에 붙여 넣으시오(이미지 크기 150mm x 100mm).

[문제 10] 세계경제포럼(WEF)이 발표한 연례 '세계 성 격차 보고서 2017(Global Gender Gap Report2017)'에서 우리나라의 성 격차 지수는 전 세계 144개국 중 118위로 나타났다. 이 결과에서 Iceland(아이슬란드)의 성 격차 지수를 검색하시오(정답).

[문제 11] 여행경보제도는 특정 국가 여행·체류 시 특별한 주의가 요구되는 국가 및 지역에 경보를 지정하여 위험 수준과 이에 따른 안전대책(행동지침)의 기준을 안내하는 제도로 4단계로 구분되어 있다. 현재 남색경보(여행유의)가 발령 중인 오세아니아 지역의 국가(국가명)를 검색하시오(정답).

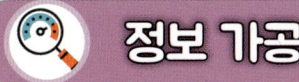
정보 가공 (70점)

※ 제시된 주제에 따라 답안을 완성하시오.

[문제 12] 조선시대 의복 문화와 생활의 바른 복원과 역사적 가치를 알리기 위한 성북선잠박물관은 주제별로 구성된 3개의 전시실과 개방형 수장고로 구성됐으며, 개관을 기념한 특별전으로 '비단실의 예술 매듭장 김은영 展'이 마련됐다. 성북선잠박물관에 대한 정보를 검색하여 다음의 안내문 내용을 완성하시오.

[답안]

사진전 성북선잠박물관	
(12-1) 성북선잠박물관 로고(MI) 이미지	(12-2) 제1전시실, 제2전시실, 제3전시실(기획전시실)의 주제 (12-3) 김은영 매듭장의 서울시무형문화재 지정번호 (12-4) 성북선잠박물관 도로명 주소

제13회 _ 실전모의고사 111

제14회 실전모의고사

과목	코드	문제유형	시험시간	수험번호	성명
인터넷	1152	D	60분		

수험자 유의사항

- 수험자는 문제지를 받는 즉시 **응시하고자 하는 과목의 문제지가 맞는지 확인**하여야 합니다.
- 시험과 직접 관련이 없는 행위 즉, 각종 웹사이트 로그인, 댓글 달기, 게시, 자료 업로드 등의 행위 또는 답안 내역을 보조기억장치 및 기타 통신수단(게시판, 이메일, 메신저, 네트워크 등)을 이용하여 타인에게 전달 또는 외부로 반출하는 경우는 자격기본법 제32에 의거 부정행위로 간주되어 본 시험 및 국가공인 자격시험을 2년간 응시할 수 없습니다.
- 내문서\ITQ 또는 라이브러리\문서\ITQ 폴더의 "답안파일-인터넷.hwp" 파일을 열어 파일 이름을 "수험번호-성명-인터넷.hwp"로 답안폴더에 다시 저장한 후 답안 작성을 시작하여야 하며, 답안문서 파일명이 일치하지 않을 경우 실격 처리됩니다(예 : 12345678-홍길동-인터넷.hwp). (시험시 제공되는 답안파일 양식을 사용하지 않을 경우에는 0점 처리됨)
- 답안 작성을 마치면 파일을 저장하고, '답안 전송' 버튼을 선택하여 감독위원 PC로 답안을 전송하십시오. 수험자 정보와 저장한 파일명이 다를 경우 전송되지 않으므로 주의하시기 바랍니다.
- 답안 작성 중에도 **주기적으로 저장하고 답안을 전송**하여야 문제 발생을 줄일 수 있습니다. 작업한 내용을 저장하지 않고 전송할 경우 이전에 저장된 내용이 전송되오니 이점 유의하시기 바랍니다.
- 시험 중 부주의 또는 고의로 시스템을 파손한 경우는 수험자가 변상해야 하며, 〈수험자 유의사항〉에 기재된 방법대로 이행하지 않아 생기는 불이익은 수험자 당사자의 책임임을 알려 드립니다.
- 시험을 완료한 수험자는 답안파일이 전송되었는지 확인한 후 감독위원의 지시에 따라 문제지를 제출하고 퇴실합니다.

답안 작성요령

- 온라인 답안 작성 절차
  수험자 등록 ➡ 시험 시작 ➡ 답안파일 저장 ➡ 답안 전송 ➡ 시험 종료
- 시험 시작 전 시험과 무관한 프로그램의 실행을 중지시켜 주시기 바랍니다(채팅, 파일공유 등).
- 문제에 (정답)이라고 표시되어 있으면 정답만을 작성란에 기재하고, (정답, URL)이라고 표시되어 있으면 정답과 함께 URL을 반드시 기재하시기 바랍니다. 이를 준수하지 않을 경우 감점, 오답 처리 등 불이익이 있을 수 있습니다.
- 문제 번호에 따라 정답을 아래와 같이 답안파일에 정확히 기록하십시오.

문제유형		수험번호		성명	
문제번호				답안	
6	정답		대한민국		

- 4번 문제는 번호에 따라 정답과 URL을 아래와 같이 답안파일에 정확히 기록하십시오(URL은 정답을 확인할 수 있는 최종 URL을 기재하십시오).

4	정답	ITQ정보기술자격
	URL	http://www.itq.or.kr/t_info/t_info_1.asp

- 4번 문제의 경우 개인 홈페이지나 블로그, 지식 검색(예 : 지식iN, 위키피디아 등)과 같이 개인사견이 들어 있는 사이트, 첨부파일은 정답으로 인정하지 않습니다.
- 9번의 이미지 파일은 인터넷 답안지에 삽입한 후 반드시 지정된 이미지 크기로 변경하시기 바랍니다.
- 문제에서 제시한 단위, Full name 등의 조건에 맞도록 답안을 작성하시기 바랍니다.

인터넷 윤리 (60점, 각 30점)

※ 문제에 대한 적절한 내용의 번호를 골라 답안지에 기재하시오.

[문제 1] 다음 중 개인정보 오남용 피해를 예방하는 방법으로 옳지 않은 것은?

① 금융거래는 PC방에서 이용하기
② 비밀번호는 주기적으로 변경하기
③ 명의도용확인 서비스 이용하여 가입정보 확인하기
④ 비밀번호는 문자, 특수문자, 숫자를 조합하여 8자리 이상 사용하기

[문제 2] 다음 중 악성 댓글의 유형이 아닌 것은?

· 보기 ·
① 상대에 대한 비방 및 협박
② 다수의 광고 글을 올리는 행위
③ 상대방 의견에 반론의 글을 작성하는 행위
④ 같은 내용의 의미 없는 글들을 연속적으로 게시하는 행위

인터넷 검색 (370점)

■ 일반검색 Ⅰ 각 10점

[문제 3] 2018년 5월 13일(일) K리그1(클래식) 경기 결과(스코어)를 〈보기〉에서 찾아 해당 번호를 답안지에 적으시오(번호).

3-1) 울산 : 경남 ·· (   )
3-2) 상주 : 인천 ·· (   )
3-3) 수원 : 대구 ·· (   )

· 보기 ·
① 1 : 0   ② 1 : 1   ③ 2 : 0   ④ 0 : 3   ⑤ 3 : 2

■ 일반검색 II 　　　　　　　　　　　　　　　　　　　　　　　　　　　　　　각 50점

[문제 4] 웹 브라우저나 기타 소프트웨어에서 반복적으로 동일한 이름이나 주소를 입력할 경우 신속히 입력하는 기능으로 온라인상에서 이름, 주소, 신용 카드 번호를 입력할 경우와 웹 브라우저에서 인터넷 주소를 입력할 경우에 유용하다. 이 기능을 <u>무엇</u>이라 하는지 검색하시오(정답, URL).

[문제 5] 2018년 마늘 재배면적은 가격 상승 등의 영향으로 전년(24,864ha)보다 3,487ha(14.0%) 증가하였고 시도별 마늘 재배면적은 경남(6,614ha), 경북(6,086ha), 전남, 충남, 제주 순으로 나타났다. 2018년 전라북도 마늘 <u>재배면적</u>(단위: ha)을 검색하시오(정답).

■ 가로 · 세로 정보검색 　　　　　　　　　　　　　　　　　　　　　　　　각 30점

※ 아래 각 문제의 설명을 읽고 가로 · 세로에 알맞은 단어를 답안에 기재하시오(정답).

[문제 6] (세로) 조선 시대에, 장악원에 속하여 궁중 음악을 맡아보던 정구품의 벼슬을 <u>무엇</u>이라 했는지 검색하시오.

[문제 7] (가로) '송곳을 세울 만한 좁은 땅'을 의미하는 <u>사자성어</u>를 검색하시오.

[문제 8] (세로) '차분하고 꾸준한 모양'을 이르는 <u>우리말</u>을 검색하시오.

■ 실용검색　　　　　　　　　　　　　　　　　　　　　　　　　　　　각 50점

[문제 9] 길 찾기 서비스(포털 및 전문 검색사이트)를 이용하여 서울 동작대교 전망 쉼터에서 국립서울현충원 충성분수대를 도보로가는 지도 경로를 찾아 전체화면(경로 검색화면 포함)을 캡처하여 답안 파일에 붙여 넣으시오(이미지 크기 150mm x 100mm).

[문제 10] 대한민국과 스웨덴의 FIFA 러시아월드컵 본선 조별경기가 열리는 날(Local time)에 벨기에(Belgium)와 파나마(Panama)는 어느 도시(도시명)에서 경기를 하는지 검색하시오(정답).

[문제 11] 국민연금공단 및 관련 기관에서는 사회보험(4대 보험)을 간편하게 계산할 수 있는 계산기를 제공하고 있다. 사업장 가입자인 근로자 신고소득월액이 3,500,000원일 경우 국민건강보험가입자 보험료(건강+장기요양보험료)는 얼마(단위: 원)인지 구하시오(정답).

정보 가공　　　　　　　　　　　　　　　　　　　　　　　(70점)

※ 제시된 주제에 따라 답안을 완성하시오.

[문제 12] 국민들에게 공개되고 있는 청와대 소장품 특별전은 청와대가 40년에 걸쳐 수집한 작품 중 일부를 '함께, 보다'라는 테마 아래 공간별로 나누어 총 4부로 구성했다. 청와대 소장품 특별전에 대한 정보를 검색하여 다음의 안내문 내용을 완성하시오.

[답안]

청와대 소장품 특별전 〈함께, 보다〉	
(12-1) 청와대 소장품 특별전 포스터 이미지	(12-2) 청와대 소장품 특별전 공간별 테마(4가지)
	(12-3) 청와대 소장품 '백두산 천지도'의 작가명(성명)
	(12-4) 청와대 소장품 특별전 관람시간(요일 및 시간)

실전모의고사

과목	코드	문제유형	시험시간	수험번호	성명
인터넷	1152	E	60분		

수험자 유의사항

- 수험자는 문제지를 받는 즉시 **응시하고자 하는 과목의 문제지가 맞는지 확인**하여야 합니다.
- 시험과 직접 관련이 없는 행위 즉, 각종 웹사이트 로그인, 댓글 달기, 게시, 자료 업로드 등의 행위 또는 답안 내역을 보조기억장치 및 기타 통신수단(게시판, 이메일, 메신저, 네트워크 등)을 이용하여 타인에게 전달 또는 외부로 반출하는 경우는 자격기본법 제32조에 의거 부정행위로 간주되어 본 시험 및 국가공인 자격시험을 2년간 응시할 수 없습니다.
- 내문서₩ITQ 또는 라이브러리₩문서₩ITQ 폴더의 "답안파일-인터넷.hwp" 파일을 열어 파일 이름을 "수험번호-성명-인터넷.hwp"로 답안폴더에 다시 저장한 후 답안 작성을 시작하여야 하며, 답안문서 파일명이 일치하지 않을 경우 실격 처리됩니다(예 : 12345678-홍길동-인터넷.hwp). (시험시 제공되는 답안파일 양식을 사용하지 않을 경우에는 0점 처리됨)
- 답안 작성을 마치면 파일을 저장하고, '답안 전송' 버튼을 선택하여 감독위원 PC로 답안을 전송하십시오. 수험자 정보와 저장한 파일명이 다를 경우 전송되지 않으므로 주의하시기 바랍니다.
- 답안 작성 중에도 **주기적으로 저장하고 답안을 전송**하여야 문제 발생을 줄일 수 있습니다. 작업한 내용을 저장하지 않고 전송할 경우 이전에 저장된 내용이 전송되오니 이점 유의하시기 바랍니다.
- 시험 중 부주의 또는 고의로 시스템을 파손한 경우는 수험자가 변상해야 하며, 〈수험자 유의사항〉에 기재된 방법대로 이행하지 않아 생기는 불이익은 수험자 당사자의 책임임을 알려 드립니다.
- 시험을 완료한 수험자는 답안파일이 전송되었는지 확인한 후 감독위원의 지시에 따라 문제지를 제출하고 퇴실합니다.

답안 작성요령

- 온라인 답안 작성 절차
  수험자 등록 ➡ 시험 시작 ➡ 답안파일 저장 ➡ 답안 전송 ➡ 시험 종료
- 시험 시작 전 시험과 무관한 프로그램의 실행을 중지시켜 주시기 바랍니다(채팅, 파일공유 등).
- 문제에 (정답)이라고 표시되어 있으면 정답만을 작성란에 기재하고, (정답, URL)이라고 표시되어 있으면 정답과 함께 URL을 반드시 기재하시기 바랍니다. 이를 준수하지 않을 경우 감점, 오답 처리 등 불이익이 있을 수 있습니다.
- 문제 번호에 따라 정답을 아래와 같이 답안파일에 정확히 기록하십시오.

문제유형		수험번호		성명	
문제번호			답안		
6	정답		대한민국		

- 4번 문제는 번호에 따라 정답과 URL을 아래와 같이 답안파일에 정확히 기록하십시오(URL은 정답을 확인할 수 있는 최종 URL을 기재하십시오).

4	정답	ITQ정보기술자격
	URL	http://www.itq.or.kr/t_info/t_info_1.asp

- 4번 문제의 경우 개인 홈페이지나 블로그, 지식 검색(예 : 지식iN, 위키피디아 등)과 같이 개인사견이 들어 있는 사이트, 첨부파일은 정답으로 인정하지 않습니다.
- 9번의 이미지 파일은 인터넷 답안지에 삽입한 후 반드시 지정된 이미지 크기로 변경하시기 바랍니다.
- 문제에서 제시한 단위, Full name 등의 조건에 맞도록 답안을 작성하시기 바랍니다.

인터넷 윤리 (60점, 각 30점)

※ 문제에 대한 적절한 내용의 번호를 골라 답안지에 기재하시오.

[문제 1] 신문과 방송 등의 전통적인 저널리즘과 구별되는 인터넷 저널리즘의 특징으로 옳지 않은 것은?

① 마감시간의 제약 없이 새로운 뉴스를 공급
② 취침시간에는 제약하는 청소년의 셧다운(Shut-down) 제도
③ 하이퍼링크 기능과 관련기사 서비스를 통해 공간의 제한 없는 심층 보도
④ 인터넷미디어가 제공하는 뉴스와 게시판 등에 댓글을 달아 쌍방향 의사소통

[문제 2] 다음 중 개인정보 오·남용 피해 예방 수칙으로 옳지 않은 것은?

• 보기 •
① 비밀번호는 주기적으로 변경한다.
② 인터넷에 올리는 게시글에는 개인정보가 포함되지 않도록 한다.
③ 회원가입 시 비밀번호는 영문, 숫자, 특수부호를 조합한 8자리 이상으로 설정한다.
④ 아이디는 개인의 특성(성별, 출생연도, 생일, 영문이름)을 나타낼 수 있는 것을 사용한다.

인터넷 검색 (370점)

■ 일반검색 Ⅰ   각 10점

[문제 3] 2018년 6월 1일 발행한 '한국의 솜씨' 기념우표에서 장인이 제작한 작품명을 〈보기〉에서 찾아 해당 번호를 답안지에 적으시오(번호).

3-1) 김희진 .... (   )
3-2) 서신정 .... (   )
3-3) 최유현 .... (   )

• 보기 •
① 영조대왕 도포 재현   ② 효제충신도   ③ 이작노리개   ④ 한지타공부채   ⑤ 삼합채상

■ 일반검색 II 　　　　　　　　　　　　　　　　　　　　　　　　　각 50점

[문제 4] 프로그램이 자동적으로 이용자의 검색 경로, 검색어 등의 빅데이터를 분석해 이용자가 필요로 하는 광고를 띄워주는 광고기법으로 개인정보를 활용하지 않아 프라이버시 침해우려가 없으며 쿠키를 활용하기 때문에 개인 맞춤형 광고를 제공할 수도 있다. 이 광고기법을 <u>무엇</u>이라 하는지 검색하시오(정답, URL).

[문제 5] 기상청이 발표한 '2018년 5월 기상특성'에 따르면 전국 강수량은 123.7mm로 평년보다 많았으며, 전국 평균기온은 17.8℃로 평년보다 높았고 날씨 변화가 잦았으며, 기온 변동이 컸다. 기상청 여수 유인관서에서 관측한 2018년 5월의 <u>월평균기온</u>(단위: ℃)을 검색하시오(정답).

■ 가로・세로 정보검색 　　　　　　　　　　　　　　　　　　　　　각 30점

※ 아래 각 문제의 설명을 읽고 가로・세로에 알맞은 단어를 답안에 기재하시오(정답).

[문제 6] (세로) 조선 시대에, 임금이 거동할 때에 겸내취를 영솔하던 선전관을 <u>무엇</u>이라 했는지 검색하시오.

[문제 7] (세로) '남이 싫어하는지는 아랑곳하지 아니하고 제가 좋아하는 것만 자꾸 짓궂게 요구하는 모양'을 이르는 <u>우리말</u>을 검색하시오.

[문제 8] (가로) '사람을 업신여겨 푸대접하는 음식'을 의미하는 <u>사자성어</u>를 검색하시오.

■ **실용검색**　　　　　　　　　　　　　　　　　　　　　　　　　　　　　각 50점

[문제 9]　길 찾기 서비스(포털 및 전문 검색사이트)를 이용하여 <u>서울 돈화문 국악당</u>에서 <u>운현궁 수직사</u>를 도보로 가는 지도 경로를 찾아 전체화면(경로 검색화면 포함)을 캡처하여 답안 파일에 붙여 넣으시오(이미지 크기 150mm x 100mm).

[문제 10]　국제철도협력기구(OSJD; Organization for Cooperation of Railway)는 유라시아 대륙의 철도운영국 협의체로서 정회원이 되려면 정회원의 만장일치가 있어야 한다. 대한민국이 정회원으로 승인된 OSJD 장관급 회의가 열린 국가의 국제전화 <u>국가번호</u>를 검색하시오(정답).

[문제 11]　지난 5월, 조선시대 궁궐·종묘에 건 현판인 '조선왕조 궁중현판'과 조선시대 지식인들의 청원서인 '만인의 청원, 만인소'가 유네스코 세계기록유산 아시아태평양 지역 목록에 등재됐다. 2016년에 유네스코 세계기록유산 아시아태평양 지역 목록으로 등재된 한국 문화유산의 <u>이름</u>을 검색하시오(정답).

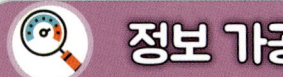 정보 가공　　(70점)

※ 제시된 주제에 따라 답안을 완성하시오.

[문제 12]　2년마다 열리는 국제현대미술제인 광주비엔날레는 지난 1995년, 광복 50주년과 '미술의 해'를 기념하고 한국 미술문화를 새롭게 도약시키기 위하여 창설되었다. 광주비엔날레에 대한 정보를 검색하여 다음의 안내문 내용을 완성하시오.

[답안]

2018 광주비엔날레	
(12-1) 광주광역시북구 마스코트(우리두리) <u>이미지</u>	(12-2) 2018 광주비엔날레 <u>행사기간</u>(월일)
	(12-3) 2018 광주비엔날레 <u>주제어</u>(영문)
	(12-4) 2018 광주비엔날레 <u>입장료</u>(당일권, 개인, 어른, 현장판매)

memo

PART 03

최신기출유형

제 **01** 회 　최신기출유형	제 **06** 회 　최신기출유형
제 **02** 회 　최신기출유형	제 **07** 회 　최신기출유형
제 **03** 회 　최신기출유형	제 **08** 회 　최신기출유형
제 **04** 회 　최신기출유형	제 **09** 회 　최신기출유형
제 **05** 회 　최신기출유형	제 **10** 회 　최신기출유형

최신기출유형

과목	코드	문제유형	시험시간	수험번호	성명
인터넷	1152	A	60분		

수험자 유의사항

- ◆ 수험자는 문제지를 받는 즉시 **응시하고자 하는 과목의 문제지가 맞는지 확인**하여야 합니다.
- ◆ 시험과 직접 관련이 없는 행위 즉, 각종 웹사이트 로그인, 댓글 달기, 게시, 자료 업로드 등의 행위 또는 답안 내역을 보조기억장치 및 기타 통신수단(게시판, 이메일, 메신저, 네트워크 등)을 이용하여 타인에게 전달 또는 외부로 반출하는 경우는 자격기본법 제32에 의거 부정행위로 간주되어 본 시험 및 국가공인 자격시험을 2년간 응시할 수 없습니다.
- ◆ 내문서\ITQ 또는 라이브러리\문서\ITQ 폴더의 "답안파일-인터넷.hwp" 파일을 열어 파일 이름을 "수험번호-성명-인터넷.hwp"로 답안폴더에 다시 저장한 후 답안 작성을 시작하여야 하며, 답안문서 파일명이 일치하지 않을 경우 실격 처리됩니다(예 : 12345678-홍길동-인터넷.hwp). (시험시 제공되는 답안파일 양식을 사용하지 않을 경우에는 0점 처리됨)
- ◆ 답안 작성을 마치면 파일을 저장하고, '답안 전송' 버튼을 선택하여 감독위원 PC로 답안을 전송하십시오. 수험자 정보와 저장한 파일명이 다를 경우 전송되지 않으므로 주의하시기 바랍니다.
- ◆ 답안 작성 중에도 **주기적으로 저장하고 답안을 전송**하여야 문제 발생을 줄일 수 있습니다. 작업한 내용을 저장하지 않고 전송할 경우 이전에 저장된 내용이 전송되오니 이점 유의하시기 바랍니다.
- ◆ 시험 중 부주의 또는 고의로 시스템을 파손한 경우는 수험자가 변상해야 하며, 〈수험자 유의사항〉에 기재된 방법대로 이행하지 않아 생기는 불이익은 수험자 당사자의 책임임을 알려 드립니다.
- ◆ 시험을 완료한 수험자는 답안파일이 전송되었는지 확인한 후 감독위원의 지시에 따라 문제지를 제출하고 퇴실합니다.

답안 작성요령

- ◆ 온라인 답안 작성 절차
  수험자 등록 ➡ 시험 시작 ➡ 답안파일 저장 ➡ 답안 전송 ➡ 시험 종료
- ◆ 시험 시작 전 시험과 무관한 프로그램의 실행을 중지시켜 주시기 바랍니다(채팅, 파일공유 등).
- ◆ 문제에 (정답)이라고 표시되어 있으면 정답만을 작성란에 기재하고, (정답, URL)이라고 표시되어 있으면 정답과 함께 URL을 반드시 기재하시기 바랍니다. 이를 준수하지 않을 경우 감점, 오답 처리 등 불이익이 있을 수 있습니다.
- ◆ 문제 번호에 따라 정답을 아래와 같이 답안파일에 정확히 기록하십시오.

문제유형		수험번호		성명	
	문제번호			답안	
	6	정답	대한민국		

- ◆ 4번 문제는 번호에 따라 정답과 URL을 아래와 같이 답안파일에 정확히 기록하십시오(URL은 정답을 확인할 수 있는 최종 URL을 기재하십시오).

4	정답	ITQ정보기술자격
	URL	http://www.itq.or.kr/t_info/t_info_1.asp

- ◆ 4번 문제의 경우 개인 홈페이지나 블로그, 지식 검색(예 : 지식iN, 위키피디아 등)과 같이 개인사견이 들어 있는 사이트, 첨부파일은 정답으로 인정하지 않습니다.
- ◆ 9번의 이미지 파일은 인터넷 답안지에 삽입한 후 반드시 지정된 이미지 크기로 변경하시기 바랍니다.
- ◆ 문제에서 제시한 단위, Full name 등의 조건에 맞도록 답안을 작성하시기 바랍니다.

인터넷 윤리 (60점, 각 30점)

※ 문제에 대한 적절한 내용의 번호를 골라 답안지에 기재하시오.

[문제 1] 다음 중 사이버 언어폭력이 아닌 것은?

① 인터넷 콘텐츠 불법 유통 배포
② 사실이 아닌 거짓 소문을 인터넷상에 전파
③ 같은 내용의 의미 없는 글들을 연속해서 게시
④ 불특정 다수에게 단순히 재미로 욕을 하는 경우

[문제 2] 날씨예보에서 내일 황사농도가 심해지면 지역에 따라서 휴교령이 내려질 수 있다는 정보를 얻었을 경우, 취해야 할 바른 태도로 옳은 것은?

• 보기 •
① 휴교령이 내려질 것이므로 학교에 가지 않는다.
② 기상청에 휴교령이 내려졌는지 전화를 걸어 확인한다.
③ SNS로 내일 휴교령이 내려졌다고 친구들에게 전달한다.
④ 다음날 날씨예보를 확인하고 학교의 알림문자를 기다린다.

인터넷 검색 (370점)

각 10점

■ 일반검색 I

[문제 3] 2018 러시아 월드컵 본선 조별 경기의 승리 팀(국가)을 〈보기〉에서 찾아 해당 번호를 답안지에 적으시오(번호).

3-1) Japan VS Poland ·· (　　)
3-2) Serbia VS Costa Rica ·· (　　)
3-3) Peru VS Denmark ·· (　　)

• 보기 •
① Japan　　② Poland　　③ Serbia
④ Costa Rica　　⑤ Peru　　⑥ Denmark

■ 일반검색 II

각 50점

[문제 4] 범죄수사에서 적용되고 있는 과학적 증거 수집 및 분석기법의 일종으로, PC나 노트북, 휴대폰 등 각종 저장매체 또는 인터넷상에 남아 있는 각종 디지털 정보를 수집·분석하여 범행과 관련된 증거를 확보하는 수사기법을 말한다. 이 수사기법을 <u>무엇</u>이라 하는지 검색하시오(정답, URL).

[문제 5] 한반도를 관통할 것으로 예상됐던 제7호 태풍 '쁘라삐룬'이 다행히 육지에 상륙하지 않고 대한해협을 통과해 동해 먼 바다로 빠져나갔지만, 장마에 태풍이 겹치면서 전국 곳곳에서 비 피해가 발생했다. '쁘라삐룬'이 소멸된 날(기상청 발표 기준) 기상청 강릉 무인관서에서 관측한 <u>일강수량</u>(단위: mm)을 검색하시오(정답).

■ 가로·세로 정보검색

각 30점

※ 아래 각 문제의 설명을 읽고 가로·세로에 알맞은 단어를 답안에 기재하시오(정답).

[문제 6] (가로) '뭍에서 배를 민다'는 뜻으로, 고집으로 무리하게 밀고 나가려고 함을 이르는 <u>사자성어</u>를 검색하시오.

[문제 7] (세로) '부끄러움을 아는 마음'을 이르는 <u>우리말</u>을 검색하시오.

[문제 8] (가로) 청장관전서 권32~35에 수록되어 있던 시평집 "청비록"을 저술한 조선시대 실학자의 <u>성명</u>을 검색하시오.

■ 실용검색　　　　　　　　　　　　　　　　　　　　　　　　　　　　　각 30점

[문제 9]　길 찾기 서비스(포털 및 전문 검색사이트)를 이용하여 인천 송도역 수인선에서 인천상륙작전기념관을 도보로 가는 지도 경로를 찾아 전체화면(경로 검색화면 포함)을 캡처하여 답안 파일에 붙여 넣으시오(이미지 크기 150mm x 100mm).

[문제 10]　바레인 마나마 유네스코 빌리지에서 열린 세계유산위원회는 한국의 '산사, 한국의 산지승원'을 포함해 문화유산 13건, 복합유산 3건, 자연유산 3건 등 세계유산 총 19건을 새로 등재했다. 차기 세계유산위원회 개최도시(도시명)를 검색하시오(정답).

[문제 11]　동해항 국제여객터미널에는 블라디보스톡(러시아)과 사카이미나토(일본)를 주 1회 정기운항하는 여객선이 있다. 2018년 8월 넷째 주에 사카이미나토(Sakaiminato)로 가는 동해(Donghae)항 국제여객터미널 여객선 출발 요일과 시간을 검색하시오(정답).

 정보 가공　　　　　　　　　　　　　　　　　　　　　　　　　(70점)

※ 제시된 주제에 따라 답안을 완성하시오.

[문제 12]　2018 충주세계소방관경기대회는 전 세계의 소방관들이 모여서 우호증진 도모 및 스포츠 경기를 겨루는 국제대회로 2년마다 격년제로 개최되는 지구촌 세계소방관 올림픽이다. 2018 충주세계소방관경기대회에 대한 정보를 검색하여 다음의 안내문 내용을 완성하시오.

[답안]

2018 충주세계소방관경기대회	
(12-1) 소방청 캐릭터 기본형(조합형) 이미지	(12-2) 2018 충주세계소방관경기대회 개최기간(월일)
	(12-3) 2018 충주세계소방관경기대회 홍보대사(성명)
	(12-4) 2018 충주세계소방관경기대회 폐막식 당일 충주시에서만 열리는 경기종목(3가지)

최신기출유형

과목	코드	문제유형	시험시간	수험번호	성명
인터넷	1152	B	60분		

수험자 유의사항

- 수험자는 문제지를 받는 즉시 **응시하고자 하는 과목의 문제지가 맞는지 확인**하여야 합니다.
- 시험과 직접 관련이 없는 행위 즉, 각종 웹사이트 로그인, 댓글 달기, 게시, 자료 업로드 등의 행위 또는 답안 내역을 보조기억장치 및 기타 통신수단(게시판, 이메일, 메신저, 네트워크 등)을 이용하여 타인에게 전달 또는 외부로 반출하는 경우는 자격기본법 제32에 의거 부정행위로 간주되어 본 시험 및 국가공인 자격시험을 2년간 응시할 수 없습니다.
- 내문서₩ITQ 또는 라이브러리₩문서₩ITQ 폴더의 "답안파일-인터넷.hwp" 파일을 열어 파일 이름을 "수험번호-성명-인터넷.hwp"로 답안폴더에 다시 저장한 후 답안 작성을 시작하여야 하며, 답안문서 파일명이 일치하지 않을 경우 실격 처리됩니다(예 : 12345678-홍길동-인터넷.hwp). (시험시 제공되는 답안파일 양식을 사용하지 않을 경우에는 0점 처리됨)
- 답안 작성을 마치면 파일을 저장하고, '답안 전송' 버튼을 선택하여 감독위원 PC로 답안을 전송하십시오. 수험자 정보와 저장한 파일명이 다를 경우 전송되지 않으므로 주의하시기 바랍니다.
- 답안 작성 중에도 **주기적으로 저장하고 답안을 전송**하여야 문제 발생을 줄일 수 있습니다. 작업한 내용을 저장하지 않고 전송할 경우 이전에 저장된 내용이 전송되오니 이점 유의하시기 바랍니다.
- 시험 중 부주의 또는 고의로 시스템을 파손한 경우는 수험자가 변상해야 하며, 〈수험자 유의사항〉에 기재된 방법대로 이행하지 않아 생기는 불이익은 수험자 당사자의 책임임을 알려 드립니다.
- 시험을 완료한 수험자는 답안파일이 전송되었는지 확인한 후 감독위원의 지시에 따라 문제지를 제출하고 퇴실합니다.

답안 작성요령

- 온라인 답안 작성 절차
  수험자 등록 ➡ 시험 시작 ➡ 답안파일 저장 ➡ 답안 전송 ➡ 시험 종료
- 시험 시작 전 시험과 무관한 프로그램의 실행을 중지시켜 주시기 바랍니다(채팅, 파일공유 등).
- 문제에 (정답)이라고 표시되어 있으면 정답만을 작성란에 기재하고, (정답, URL)이라고 표시되어 있으면 정답과 함께 URL을 반드시 기재하시기 바랍니다. 이를 준수하지 않을 경우 감점, 오답 처리 등 불이익이 있을 수 있습니다.
- 문제 번호에 따라 정답을 아래와 같이 답안파일에 정확히 기록하십시오.

문제유형		수험번호		성명	
	문제번호			답안	
6	정답		대한민국		

- 4번 문제는 번호에 따라 정답과 URL을 아래와 같이 답안파일에 정확히 기록하십시오(URL은 정답을 확인할 수 있는 최종 URL을 기재하십시오).

4	정답	ITQ정보기술자격
	URL	http://www.itq.or.kr/t_info/t_info_1.asp

- 4번 문제의 경우 개인 홈페이지나 블로그, 지식 검색(예 : 지식iN, 위키피디아 등)과 같이 개인사견이 들어 있는 사이트, 첨부파일은 정답으로 인정하지 않습니다.
- 9번의 이미지 파일은 인터넷 답안지에 삽입한 후 반드시 지정된 이미지 크기로 변경하시기 바랍니다.
- 문제에서 제시한 단위, Full name 등의 조건에 맞도록 답안을 작성하시기 바랍니다.

인터넷 윤리　　　　　　　　　　　　　　　　　　　　　　　　　**(60점, 각 30점)**

※ 문제에 대한 적절한 내용의 번호를 골라 답안지에 기재하시오.

[문제 1]　다음 마크에 대한 설명으로 옳지 않은 것은?

① 공공누리 제3유형의 마크이다.
② 저작물의 출처를 표시해야 한다.
③ 비상업적 이용만 가능하다.
④ 변형 등 2차적 저작물 작성은 금지한다.

[문제 2]　다음 중 스마트폰 정보보호를 위한 '이용자 10대 안전수칙'으로 옳지 않은 것은?

· 보기 ·
① 블루투스(Bluetooth) 기능 등 무선 인터페이스는 사용 시에만 켜놓는다.
② 스마트폰 구매 시 설치되어 있던 운영체제를 업그레이드하면 보안기능에 악영향을 준다.
③ 스마트폰을 통한 인터넷 접속이 가능해졌지만 신뢰할 수 없는 사이트를 방문하지 않는다.
④ 단말기를 분실 혹은 도난당했을 시 개인정보가 유출되는 것을 방지하기 위해 단말기 비밀번호를 설정한다.

인터넷 검색　　　　　　　　　　　　　　　　　　　　　　　　　**(370점)**

■ 일반검색 I　　　　　　　　　　　　　　　　　　　　　　　　　　각 10점

[문제 3]　이달의 과학기술인상(한국연구재단 선정)을 〈보기〉에서 찾아 해당 번호를 답안지에 적으시오(번호).

3-1) 2018년 2월 ·· (　　)
3-2) 2018년 4월 ·· (　　)
3-3) 2018년 6월 ·· (　　)

· 보기 ·
① 선정윤　　　② 박희성　　　③ 김기현
④ 이희승　　　⑤ 이경무

■ 일반검색 II 　　　　　　　　　　　　　　　　　　　　　　　　　각 50점

[문제 4] 전기자동차, 하이브리드자동차(HEV) 등 저소음 자동차의 경우 보행자를 향해 자동차가 접근해도 소리가 약해서 보행자가 알아차리지 못할 수 있다. 보행자 사고를 예방하기 위해 가상으로 엔진음을 발생시키는 장치를 무엇(영문)이라 하는지 검색하시오(정답, URL).

[문제 5] 통계청이 발표한 2018년 6월 이동자 수는 54만 4천 명으로 전년 동월 대비 0.5%(3천 명) 증가하였고 시도별 순이동(전입-전출)은 경기, 세종, 제주 등 5개 시도는 순유입 되었으며, 서울, 부산, 전남 등 12개 시도는 순유출 되었다. 2018년 6월 국내인구이동 통계에서 충청남도의 순이동(단위: 명)을 검색하시오(정답).

■ 가로·세로 정보검색 　　　　　　　　　　　　　　　　　　　　　각 30점

※ 아래 각 문제의 설명을 읽고 가로·세로에 알맞은 단어를 답안에 기재하시오(정답).

[문제 6] (세로) '매우 재게'를 이르는 우리말을 검색하시오.

[문제 7] (가로) 가뭄 때 농민들이 비를 몹시 기다림을 이르는 사자성어를 검색하시오.

[문제 8] (세로) 서울 창덕궁 안에 있는 내전(內殿)을 겸한 정식 침전(寢殿)으로 왕비의 생활공간이다. 이곳의 이름을 검색하시오.

■ 실용검색

각 50점

[문제 9] 길 찾기 서비스(포털 및 전문 검색사이트)를 이용하여 청주예술의 전당에서 청주백제유물전시관을 도보로 가는 지도 경로를 찾아 전체화면(경로 검색화면 포함)을 캡처하여 답안 파일에 붙여 넣으시오(이미지 크기 150mm x 100mm).

[문제 10] 일본 하코네토잔테쓰도 이류다 역 인근의 '생명의 별 지구박물관'은 지구의 탄생과 구조, 생명의 역사 등을 테마로 하는 박물관이다. 이곳의 관람료(고등학생·65세 이상, 단위: 엔)를 검색하시오 (정답).

[문제 11] 여행경보제도는 특정 국가 여행·체류 시 특별한 주의가 요구되는 국가 및 지역에 경보를 정하여 위험 수준과 이에 따른 안전대책(행동지침)의 기준을 안내하는 제도로 4단계로 구분되어 있다. 2019년 8월 현재 국가 전 지역이 남색경보(여행유의)가 발령 중인 유럽의 국가(국가명)를 검색하시오(정답).

 정보 가공 (70점)

※ 제시된 주제에 따라 답안을 완성하시오.

[문제 12] 전국소년체육대회는 청소년들에게 스포츠를 통한 건강한 신체와 건전한 정신을 함양하는데 기여하는 것은 물론 새로운 유망주 발굴과 육성을 하는데 기반이 되어왔다. 제47회 전국소년체육대회에 대한 정보를 검색하여 다음의 안내문 내용을 완성하시오.

[답안]

제47회 전국소년체육대회	
(12-1) 충청북도(도청) 마스코트 이미지	(12-2) 제47회 전국소년체육대회 초등부와 중등부 각각의 경기종목수
	(12-3) 제47회 전국소년체육대회 대회일정(월일)
	(12-4) 제47회 전국소년체육대회 배드민턴 종목 남자중등부 단체전 우승팀(시도)

최신기출유형

과목	코드	문제유형	시험시간	수험번호	성명
인터넷	1152	C	60분		

수험자 유의사항

◆ 수험자는 문제지를 받는 즉시 **응시하고자 하는 과목의 문제지가 맞는지 확인**하여야 합니다.
◆ 시험과 직접 관련이 없는 행위 즉, 각종 웹사이트 로그인, 댓글 달기, 게시, 자료 업로드 등의 행위 또는 답안 내역을 보조기억장치 및 기타 통신수단(게시판, 이메일, 메신저, 네트워크 등)을 이용하여 타인에게 전달 또는 외부로 반출하는 경우는 자격기본법 제32에 의거 부정행위로 간주되어 본 시험 및 국가공인 자격시험을 2년간 응시할 수 없습니다.
◆ 내문서₩ITQ 또는 라이브러리₩문서₩ITQ 폴더의 "답안파일-인터넷.hwp" 파일을 열어 파일 이름을 "수험번호-성명-인터넷.hwp"로 답안폴더에 다시 저장한 후 답안 작성을 시작하여야 하며, 답안문서 파일명이 일치하지 않을 경우 실격 처리됩니다(예 : 12345678-홍길동-인터넷.hwp). (시험시 제공되는 답안파일 양식을 사용하지 않을 경우에는 0점 처리됨)
◆ 답안 작성을 마치면 파일을 저장하고, '답안 전송' 버튼을 선택하여 감독위원 PC로 답안을 전송하십시오. 수험자 정보와 저장한 파일명이 다를 경우 전송되지 않으므로 주의하시기 바랍니다.
◆ 답안 작성 중에도 **주기적으로 저장하고 답안을 전송**하여야 문제 발생을 줄일 수 있습니다. 작업한 내용을 저장하지 않고 전송할 경우 이전에 저장된 내용이 전송되오니 이점 유의하시기 바랍니다.
◆ 시험 중 부주의 또는 고의로 시스템을 파손한 경우는 수험자가 변상해야 하며, 〈수험자 유의사항〉에 기재된 방법대로 이행하지 않아 생기는 불이익은 수험자 당사자의 책임임을 알려 드립니다.
◆ 시험을 완료한 수험자는 답안파일이 전송되었는지 확인한 후 감독위원의 지시에 따라 문제지를 제출하고 퇴실합니다.

답안 작성요령

◆ 온라인 답안 작성 절차
 수험자 등록 ➡ 시험 시작 ➡ 답안파일 저장 ➡ 답안 전송 ➡ 시험 종료
◆ 시험 시작 전 시험과 무관한 프로그램의 실행을 중지시켜 주시기 바랍니다(채팅, 파일공유 등).
◆ 문제에 (정답)이라고 표시되어 있으면 정답만을 작성란에 기재하고, (정답, URL)이라고 표시되어 있으면 정답과 함께 URL을 반드시 기재하시기 바랍니다. 이를 준수하지 않을 경우 감점, 오답 처리 등 불이익이 있을 수 있습니다.
◆ 문제 번호에 따라 정답을 아래와 같이 답안파일에 정확히 기록하십시오.

문제유형		수험번호		성명	
문제번호			답안		
6	정답	대한민국			

◆ 4번 문제는 번호에 따라 정답과 URL을 아래와 같이 답안파일에 정확히 기록하십시오(URL은 정답을 확인할 수 있는 최종 URL을 기재하십시오).

4	정답	ITQ정보기술자격
	URL	http://www.itq.or.kr/t_info/t_info_1.asp

◆ 4번 문제의 경우 개인 홈페이지나 블로그, 지식 검색(예 : 지식iN, 위키피디아 등)과 같이 개인사견이 들어 있는 사이트, 첨부파일은 정답으로 인정하지 않습니다.
◆ 9번의 이미지 파일은 인터넷 답안지에 삽입한 후 반드시 지정된 이미지 크기로 변경하시기 바랍니다.
◆ 문제에서 제시한 단위, Full name 등의 조건에 맞도록 답안을 작성하시기 바랍니다.

인터넷 윤리 (60점, 각 30점)

※ 문제에 대한 적절한 내용의 번호를 골라 답안지에 기재하시오.

[문제 1] 올바른 인터넷 사용을 위한 네티켓으로 옳은 것은?

① 다른 사람을 비방할 경우에는 익명을 사용한다.
② 인터넷의 특성을 살려 개인의 사생활을 공유한다.
③ 논쟁은 주관적인 생각으로 자신의 의견을 관철한다.
④ 인터넷의 이용은 법적인 책임도 따른다는 사실을 기억한다.

[문제 2] 다음 중 스팸메일에 대한 대처방법으로 옳지 않은 것은?

• 보기 •
① 광고성 전자우편 발신자에게 수신거부 의사를 전달한다.
② 인터넷서비스 가입 시 광고성 전자우편 '수신하지 않음'을 선택한다.
③ 인터넷의 자료실 등에서 무료 바이러스 백신 프로그램을 찾아 설치한다.
④ 인터넷 사용 시 웹사이트, 게시판 등에 전자우편 주소를 남기지 않는다.

인터넷 검색 (370점)

■ 일반검색 Ⅰ 각 10점

[문제 3] 2018년에 지정된 국가지정 보물문화재의 등록번호를 〈보기〉에서 찾아 해당 번호를 답안지에 적으시오(번호).

3-1) 김정희 필 차호호공 ·· (   )
3-2) 김정희 필 난맹첩 ·· (   )
3-3) 김정희 필 대팽고회 ·· (   )

• 보기 •
① 보물 제1978호   ② 보물 제1979호   ③ 보물 제1980호
④ 보물 제1982호   ⑤ 보물 제1983호

■ 일반검색 II `각 50점`

[문제 4] 스마트폰 등장 이후 나타난 현상으로 인터넷의 정보를 총동원하여 온라인으로 제품을 확인하고 온라인보다도 저렴한 오프라인 매장을 찾은 후 구매하는 현상을 말한다. 이 현상을 <u>무엇</u>(영문)이라 하는지 검색하시오(정답, URL).

[문제 5] 통계청(국가통계포털) 인구동향 자료에서 2018년 상반기 (1월~6월) 중 전국 혼인건수가 가장 많은 달의 전국 <u>혼인건수</u>(단위: 건)를 검색하시오(정답).

■ 가로 · 세로 정보검색 `각 30점`

※ 아래 각 문제의 설명을 읽고 가로 · 세로에 알맞은 단어를 답안에 기재하시오(정답).

[문제 6] (가로) '산은 높고 물은 유유히 흐른다'는 뜻으로, 군자의 덕이 높고 끝없음을 산의 우뚝 솟음과 큰 냇물의 흐름에 비유한 <u>사자성어</u>를 검색하시오.

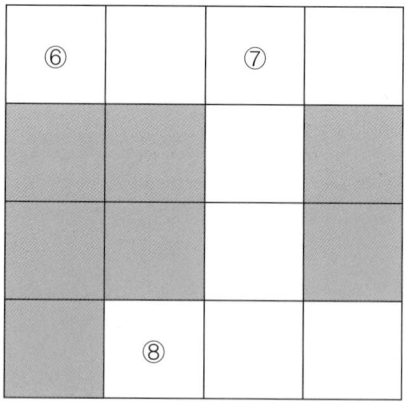

[문제 7] (세로) '무엇을 하는 데 어려움이 없이 순조롭다'를 이르는 <u>우리말</u>을 검색하시오.

[문제 8] (가로) 삼국 시대 초기에, 고구려에 인접해 있던 성읍 국가로 고구려가 개마국을 정벌할 때 함께 정복한 나라이다. 이 나라의 <u>이름</u>을 검색하시오.

■ 실용검색　　　　　　　　　　　　　　　　　　　　　　　　　　　　　　　　　　**각 50점**

[문제 9] 길 찾기 서비스(포털 및 전문 검색사이트)를 이용하여 광주 <u>금남로5가역 3번 출구</u>에서 <u>양동시장역 1번 출구</u>를 도보로 가는 지도 경로를 찾아 전체화면(경로 검색화면 포함)을 캡처하여 답안 파일에 붙여 넣으시오(이미지 크기 150mm x 100mm).

[문제 10] 대한항공의 한국(인천)에서 출발하는 국제선 푸껫 노선의 2018년 10월 1일부(발권일 기준 편도 운임 기준) 적용되는 <u>유류할증료</u>(단위: 원)를 검색하시오(정답).

[문제 11] 2018 자카르타·팔렘방 아시안게임 준결승전에서 세계랭킹 16위 태국에 세트 스코어 1–3으로 패한 대한민국 여자배구 대표팀은 동메달 결정전에서 일본을 세트 스코어 3–1로 따돌리고 동메달을 획득했다. 현재 태국(Thailand)의 여자배구 세계랭킹(FIVB Senior World Ranking–Women) <u>점수</u>(points)를 검색하시오(정답).

 정보 가공　　　　　　　　　　　　　　　　　　　　　　　　　　　　　**(70점)**

※ 제시된 주제에 따라 답안을 완성하시오.

[문제 12] 현대미술의 거장 이우환 화백의 일본 나오시마 '이우환 미술관'에 이어 두 번째 개인 미술관인 '이우환 공간'이 부산시립미술관에 개관하였다. 그리고 세잔과 반 고흐 등 프랑스 인상파의 거장들이 작품 활동을 했던 곳으로 유명한 프랑스 남부도시에도 건립된다. 미술가 이우환에 대한 정보를 검색하여 다음의 안내문 내용을 완성하시오.

[답안]

모노하의 대표작가 이우환	
(12-1) 주홍색 안료를 사용한 '선으로부터' 작품(이우환) <u>이미지</u>	(12-2) 부산시립미술관 별관 "이우환 공간"의 관람료 (신분증을 소지한 부산시민(20세-64세)) (12-3) 일본 나오시마의 이우환 미술관을 설계한 <u>건축가</u>(영문 성명) (12-4) 이우환 미술관 개관 예정인 프랑스 도시의 <u>이름</u>

최신기출유형

과목	코드	문제유형	시험시간	수험번호	성명
인터넷	1152	D	60분		

수험자 유의사항

- 수험자는 문제지를 받는 즉시 **응시하고자 하는 과목의 문제지가 맞는지 확인**하여야 합니다.
- 시험과 직접 관련이 없는 행위 즉, 각종 웹사이트 로그인, 댓글 달기, 게시, 자료 업로드 등의 행위 또는 답안 내역을 보조기억장치 및 기타 통신수단(게시판, 이메일, 메신저, 네트워크 등)을 이용하여 타인에게 전달 또는 외부로 반출하는 경우는 자격기본법 제32에 의거 부정행위로 간주되어 본 시험 및 국가공인 자격시험을 2년간 응시할 수 없습니다.
- 내문서₩ITQ 또는 라이브러리₩문서₩ITQ 폴더의 "답안파일-인터넷.hwp" 파일을 열어 파일 이름을 "수험번호-성명-인터넷.hwp"로 답안폴더에 다시 저장한 후 답안 작성을 시작하여야 하며, 답안문서 파일명이 일치하지 않을 경우 실격 처리됩니다(예 : 12345678-홍길동-인터넷.hwp). (시험시 제공되는 답안파일 양식을 사용하지 않을 경우에는 0점 처리됨)
- 답안 작성을 마치면 파일을 저장하고, '답안 전송' 버튼을 선택하여 감독위원 PC로 답안을 전송하십시오. 수험자 정보와 저장한 파일명이 다를 경우 전송되지 않으므로 주의하시기 바랍니다.
- 답안 작성 중에도 **주기적으로 저장하고 답안을 전송**하여야 문제 발생을 줄일 수 있습니다. 작업한 내용을 저장하지 않고 전송할 경우 이전에 저장된 내용이 전송되오니 이점 유의하시기 바랍니다.
- 시험 중 부주의 또는 고의로 시스템을 파손한 경우는 수험자가 변상해야 하며, 〈수험자 유의사항〉에 기재된 방법대로 이행하지 않아 생기는 불이익은 수험자 당사자의 책임임을 알려 드립니다.
- 시험을 완료한 수험자는 답안파일이 전송되었는지 확인한 후 감독위원의 지시에 따라 문제지를 제출하고 퇴실합니다.

답안 작성요령

- 온라인 답안 작성 절차
  수험자 등록 ➡ 시험 시작 ➡ 답안파일 저장 ➡ 답안 전송 ➡ 시험 종료
- 시험 시작 전 시험과 무관한 프로그램의 실행을 중지시켜 주시기 바랍니다(채팅, 파일공유 등).
- 문제에 (정답)이라고 표시되어 있으면 정답만을 작성란에 기재하고, (정답, URL)이라고 표시되어 있으면 정답과 함께 URL을 반드시 기재하시기 바랍니다. 이를 준수하지 않을 경우 감점, 오답 처리 등 불이익이 있을 수 있습니다.
- 문제 번호에 따라 정답을 아래와 같이 답안파일에 정확히 기록하십시오.

문제유형		수험번호		성명	
문제번호				답안	
6	정답	대한민국			

- 4번 문제는 번호에 따라 정답과 URL을 아래와 같이 답안파일에 정확히 기록하십시오(URL은 정답을 확인할 수 있는 최종 URL을 기재하십시오).

4	정답	ITQ정보기술자격
	URL	http://www.itq.or.kr/t_info/t_info_1.asp

- 4번 문제의 경우 개인 홈페이지나 블로그, 지식 검색(예 : 지식iN, 위키피디아 등)과 같이 개인사견이 들어 있는 사이트, 첨부파일은 정답으로 인정하지 않습니다.
- 9번의 이미지 파일은 인터넷 답안지에 삽입한 후 반드시 지정된 이미지 크기로 변경하시기 바랍니다.
- 문제에서 제시한 단위, Full name 등의 조건에 맞도록 답안을 작성하시기 바랍니다.

인터넷 윤리 (60점, 각 30점)

※ 문제에 대한 적절한 내용의 번호를 골라 답안지에 기재하시오.

[문제 1] 다음 중 보이스피싱으로 의심되지 않는 것은?

① 금융감독원이라며 안전계좌로 이체 요구
② 대출처리비용 등을 이유로 선입금 요구
③ 정부지원 대출상품이 가능하다며 선입금 요구
④ 구매한 물품대금 환불을 위한 은행명, 계좌번호 요구

[문제 2] 다음 중 인터넷 게임 중독자의 일반적인 증상이 아닌 것은?

• 보기 •
① 게임 속의 나보다 실제의 내가 더 좋다.
② 게임을 하지 않으면 불안감, 짜증, 초조 등을 느낀다.
③ 게임을 하기 위해 더 많은 시간과 돈을 사용하게 된다.
④ 만족감을 느끼기 위해 점점 더 많은 시간 동안 게임을 한다.

인터넷 검색 (370점)

■ 일반검색 I   각 10점

[문제 3] 다음 노벨상 부문의 수상자 이름을 〈보기〉에서 찾아 해당 번호를 답안지에 적으시오(번호).

3-1) The Nobel Prize in Physics 2018(물리학상) ·········· (   )
3-2) The Nobel Prize in Chemistry 2018(화학상) ·········· (   )
3-3) The Nobel Prize in Physiology or Medicine 2018(생리·의학상) ·········· (   )

• 보기 •
① Paul M. Romer   ② James P. Allison   ③ Donna Strickland
④ Nadia Murad   ⑤ Frances H. Arnold

■ 일반검색 II `각 50점`

[문제 4] 기업이 자사의 서비스나 제품 등을 해킹해 취약점을 발견한 화이트해커에게 포상금을 지급하는 제도로, 기업들은 이 과정을 통해 빠르게 보안 패치를 적용할 수 있다. 이 제도를 <u>무엇</u>(영문)이라 하는지 검색하시오(정답, URL).

[문제 5] 제25호 태풍의 영향으로 제주에는 기록적인 폭우가 내렸고 경북 영덕에는 많은 비 피해가 있었다. 기상청 서귀포 무인 관서에서 관측한 2018년 10월 중 <u>최대 일강수량</u>(단위: mm)을 검색하시오(정답).

■ 가로 · 세로 정보검색 `각 30점`

※ 아래 각 문제의 설명을 읽고 가로 · 세로에 알맞은 단어를 답안에 기재하시오(정답).

[문제 6] (세로) '이러니저러니 하고 시비를 가리는 모양'을 이르는 <u>우리말</u>을 검색하시오.

[문제 7] (가로) 조선 시대에, 대신에게 전속되어 명령과 공문의 전달 따위를 맡아보던 구실아치를 <u>무엇</u>이라 했는지 검색하시오.

[문제 8] (가로) '서로 술잔을 나누고 있는 사이에 묵은 원한을 잊어버림'을 뜻하는 <u>사자성어</u>를 검색하시오.

■ 실용검색 각 50점

[문제 9] 길 찾기 서비스(포털 및 전문 검색사이트)를 이용하여 서울 덕수궁 대한문에서 창덕궁 돈화문을 도보로 가는 지도 경로를 찾아 전체화면(경로 검색화면 포함)을 캡처하여 답안 파일에 붙여 넣으시오(이미지 크기 150mm x 100mm).

[문제 10] 조선 후기 산수화, 인물화, 풍속화 등 여러 분야에서 탁월한 기량을 발휘한 김홍도의 작품은 현재 10점이 국보, 보물, 시도유형문화재로 지정되어 있다. 김홍도의 작품 중에서 가장 최근에 보물 문화재(국가지정문화재)로 지정된 것의 작품명(명칭)을 검색하시오(정답).

[문제 11] 공항 운항스케줄에서 2018년 11월 11일(일) 김포공항을 출발해서 제주공항에 가장 먼저 도착 예정인 비행기의 항공사명과 편명을 검색하시오(정답).

 정보 가공 (70점)

※ 제시된 주제에 따라 답안을 완성하시오.

[문제 12] 제23회 부산국제영화제 포스터는 원화 '가족 이야기'와 '부산'의 영문자를 조합하는 방식으로 4가지 이미지가 하나로 모이면 'BUSAN'이 완성된다. 제23회 부산국제영화제에 대한 정보를 검색하여 다음의 안내문 내용을 완성하시오.

[답안]

제23회 부산국제영화제	
(12-1) 제23회 부산국제영화제 포스터(B와 U로 이루어진 첫 번째 포스터) 이미지	(12-2) 제23회 부산국제영화제 포스터 원화 작가명(성명) (12-3) 제23회 부산국제영화제 개막작(작품명) (12-4) 제23회 부산국제영화제 '올해의 아시아 영화인상' 수상자(성명)

최신기출유형

과목	코드	문제유형	시험시간	수험번호	성명
인터넷	1152	E	60분		

수험자 유의사항

- ◆ 수험자는 문제지를 받는 즉시 **응시하고자 하는 과목의 문제지가 맞는지 확인**하여야 합니다.
- ◆ 시험과 직접 관련이 없는 행위 즉, 각종 웹사이트 로그인, 댓글 달기, 게시, 자료 업로드 등의 행위 또는 답안 내역을 보조기억장치 및 기타 통신수단(게시판, 이메일, 메신저, 네트워크 등)을 이용하여 타인에게 전달 또는 외부로 반출하는 경우는 자격기본법 제32에 의거 부정행위로 간주되어 본 시험 및 국가공인 자격시험을 2년간 응시할 수 없습니다.
- ◆ 내문서₩ITQ 또는 라이브러리₩문서₩ITQ 폴더의 "답안파일-인터넷.hwp" 파일을 열어 파일 이름을 "수험번호-성명-인터넷.hwp"로 답안폴더에 다시 저장한 후 답안 작성을 시작하여야 하며, 답안문서 파일명이 일치하지 않을 경우 실격 처리됩니다(예 : 12345678-홍길동-인터넷.hwp). (시험시 제공되는 답안파일 양식을 사용하지 않을 경우에는 0점 처리됨)
- ◆ 답안 작성을 마치면 파일을 저장하고, '답안 전송' 버튼을 선택하여 감독위원 PC로 답안을 전송하십시오. 수험자 정보와 저장한 파일명이 다를 경우 전송되지 않으므로 주의하시기 바랍니다.
- ◆ 답안 작성 중에도 **주기적으로 저장하고 답안을 전송**하여야 문제 발생을 줄일 수 있습니다. 작업한 내용을 저장하지 않고 전송할 경우 이전에 저장된 내용이 전송되오니 이점 유의하시기 바랍니다.
- ◆ 시험 중 부주의 또는 고의로 시스템을 파손한 경우는 수험자가 변상해야 하며, 〈수험자 유의사항〉에 기재된 방법대로 이행하지 않아 생기는 불이익은 수험자 당사자의 책임임을 알려 드립니다.
- ◆ 시험을 완료한 수험자는 답안파일이 전송되었는지 확인한 후 감독위원의 지시에 따라 문제지를 제출하고 퇴실합니다.

답안 작성요령

- ◆ 온라인 답안 작성 절차
  수험자 등록 ➡ 시험 시작 ➡ 답안파일 저장 ➡ 답안 전송 ➡ 시험 종료
- ◆ 시험 시작 전 시험과 무관한 프로그램의 실행을 중지시켜 주시기 바랍니다(채팅, 파일공유 등).
- ◆ 문제에 (정답)이라고 표시되어 있으면 정답만을 작성란에 기재하고, (정답, URL)이라고 표시되어 있으면 정답과 함께 URL을 반드시 기재하시기 바랍니다. 이를 준수하지 않을 경우 감점, 오답 처리 등 불이익이 있을 수 있습니다.
- ◆ 문제 번호에 따라 정답을 아래와 같이 답안파일에 정확히 기록하십시오.

문제유형		수험번호		성명	
문제번호			답안		
6	정답	대한민국			

- ◆ 4번 문제는 번호에 따라 정답과 URL을 아래와 같이 답안파일에 정확히 기록하십시오(URL은 정답을 확인할 수 있는 최종 URL을 기재하십시오).

4	정답	ITQ정보기술자격
	URL	http://www.itq.or.kr/t_info/t_info_1.asp

- ◆ 4번 문제의 경우 개인 홈페이지나 블로그, 지식 검색(예 : 지식iN, 위키피디아 등)과 같이 개인사견이 들어 있는 사이트, 첨부파일은 정답으로 인정하지 않습니다.
- ◆ 9번의 이미지 파일은 인터넷 답안지에 삽입한 후 반드시 지정된 이미지 크기로 변경하시기 바랍니다.
- ◆ 문제에서 제시한 단위, Full name 등의 조건에 맞도록 답안을 작성하시기 바랍니다.

인터넷 윤리 (60점, 각 30점)

※ 문제에 대한 적절한 내용의 번호를 골라 답안지에 기재하시오.

[문제 1] 다음 중 인터넷 사이버 공간의 특성으로 옳지 않은 것은?

① 비대면성
② 엄격한 가치규범
③ 익명성
④ 현실도피

[문제 2] 다음 중 인터넷에서의 올바른 게시판 작성 방법으로 옳지 않은 것은?

• 보기 •
① 바른말 고운말을 사용한다.
② 문법에 알맞은 표현을 사용한다.
③ 빠른 의사전달을 위해 약어만을 사용한다.
④ 전화번호, 생년월일 등 개인정보는 올리지 않는다.

인터넷 검색 (370점)

■ 일반검색 I 각 10점

[문제 3] 다음 책 제목의 ISBN을 〈보기〉에서 찾아 해당 번호를 답안지에 적으시오(번호).

3-1) 원숭이 신의 잃어버린 도시 ·············· (   )
3-2) 3인칭 관찰자 시점 ························ (   )
3-3) 파이썬으로 배우는 머신러닝의 교과서 ··· (   )

• 보기 •
① 9791161570419   ② 9791162241240   ③ 9791158511166
④ 9791188451302   ⑤ 9788932473925

■ 일반검색 II   각 50점

[문제 4] 축구, 야구 등 운동경기를 중계하는 방송프로그램의 화면 한구석에 상품과 상표 따위를 노출하는 형태의 광고를 무엇(영문)이라 하는지 검색하시오(정답, URL).

[문제 5] 지난 11월 부산에서는 보기 드물게 많은 비가 내려 늦가을에 호우주의보가 발령됐었다. 기상청 부산 유인관서에서 관측한 2018년 11월 중 일최대강수량(단위: mm)을 검색하시오(정답).

■ 가로·세로 정보검색   각 30점

※ 아래 각 문제의 설명을 읽고 가로·세로에 알맞은 단어를 답안에 기재하시오(정답).

[문제 6] (세로) '듬직하고 위엄이 있는 겉모양'을 이르는 우리말을 검색하시오.

[문제 7] (세로) 조선 시대에, 새로 개간하여 아직 토지 대장에 오르지 않던 논밭을 무엇이라 했는지 검색하시오.

[문제 8] (가로) '나랏일을 다스릴 만한 사람'을 이르는 사자성어를 검색하시오.

■ 실용검색 **각 50점**

[문제 9] 길 찾기 서비스(포털 및 전문 검색사이트)를 이용하여 <u>동인천역 4번 출구</u>에서 <u>수도국산 달동네 박물관</u>을 도보로 가는 지도 경로를 찾아 선제화면(경로 검색화면 포함)을 캡처하여 답안 파일에 붙여 넣으시오(이미지 크기 150mm x 100mm).

[문제 10] 2019년에는 대통령, 국회의원, 시도지사, 기초의원을 뽑는 선거는 없지만 궐위가 발생한 곳에 대해서는 재보궐 선거가 치러진다. 2019년 재보궐 <u>선거일</u>(월일)을 검색하시오(정답).

[문제 11] 어린이 국가예방접종 지정 의료기관은 어린이 국가예방접종 사업에 참여하여 예방접종비용을 지원받을 수 있는 의료기관으로 관련기관에서 병의원을 검색할 수 있다. 결핵(BCG, 피내용) 백신을 접종할 수 있는 서울특별시 용산구의 어린이 국가예방접종 지정 의료기관의 <u>이름</u>(병의원명)을 검색하시오(정답).

 **정보 가공** (70점)

※ 제시된 주제에 따라 답안을 완성하시오.

[문제 12] 국제 대학 스포츠 연맹(FISU)은 국제적인 대학스포츠를 통할하며 동·하계 유니버시아드를 주최하는 국제 스포츠 단체로 국내에서는 3번의 동·하계대회가 열렸다. 유니버시아드에 대한 정보를 검색하여 다음의 안내문 내용을 완성하시오.

[답안]

유니버시아드	
(12-1) 국제 대학 스포츠 연맹(FISU) 엠블럼 <u>이미지</u>	(12-2) 제29회 동계 유니버시아드 <u>개최도시</u>(도시명)
	(12-3) 제30회 하계 유니버시아드 <u>개최도시</u>(도시명)
	(12-4) 국내에서 하계 유니버시아드를 개최했던 곳의 <u>도시명</u>(2곳)

최신기출유형

과목	코드	문제유형	시험시간	수험번호	성명
인터넷	1152	A	60분		

수험자 유의사항

◆ 수험자는 문제지를 받는 즉시 **응시하고자 하는 과목의 문제지가 맞는지 확인**하여야 합니다.
◆ 시험과 직접 관련이 없는 행위 즉, 각종 웹사이트 로그인, 댓글 달기, 게시, 자료 업로드 등의 행위 또는 답안 내역을 보조기억장치 및 기타 통신수단(게시판, 이메일, 메신저, 네트워크 등)을 이용하여 타인에게 전달 또는 외부로 반출하는 경우는 자격기본법 제32에 의거 부정행위로 간주되어 본 시험 및 국가공인 자격시험을 2년간 응시할 수 없습니다.
◆ 내문서₩ITQ 또는 라이브러리₩문서₩ITQ 폴더의 "답안파일-인터넷.hwp" 파일을 열어 파일 이름을 "수험번호-성명-인터넷.hwp"로 답안폴더에 다시 저장한 후 답안 작성을 시작하여야 하며, 답안문서 파일명이 일치하지 않을 경우 실격 처리됩니다(예 : 12345678-홍길동-인터넷.hwp). (시험시 제공되는 답안파일 양식을 사용하지 않을 경우에는 0점 처리됨)
◆ 답안 작성을 마치면 파일을 저장하고, '답안 전송' 버튼을 선택하여 감독위원 PC로 답안을 전송하십시오. 수험자 정보와 저장한 파일명이 다를 경우 전송되지 않으므로 주의하시기 바랍니다.
◆ 답안 작성 중에도 **주기적으로 저장하고 답안을 전송**하여야 문제 발생을 줄일 수 있습니다. 작업한 내용을 저장하지 않고 전송할 경우 이전에 저장된 내용이 전송되오니 이점 유의하시기 바랍니다.
◆ 시험 중 부주의 또는 고의로 시스템을 파손한 경우는 수험자가 변상해야 하며, 〈수험자 유의사항〉에 기재된 방법대로 이행하지 않아 생기는 불이익은 수험자 당사자의 책임임을 알려 드립니다.
◆ 시험을 완료한 수험자는 답안파일이 전송되었는지 확인한 후 감독위원의 지시에 따라 문제지를 제출하고 퇴실합니다.

답안 작성요령

◆ 온라인 답안 작성 절차
 수험자 등록 ➡ 시험 시작 ➡ 답안파일 저장 ➡ 답안 전송 ➡ 시험 종료
◆ 시험 시작 전 시험과 무관한 프로그램의 실행을 중지시켜 주시기 바랍니다(채팅, 파일공유 등).
◆ 문제에 (정답)이라고 표시되어 있으면 정답만을 작성란에 기재하고, (정답, URL)이라고 표시되어 있으면 정답과 함께 URL을 반드시 기재하시기 바랍니다. 이를 준수하지 않을 경우 감점, 오답 처리 등 불이익이 있을 수 있습니다.
◆ 문제 번호에 따라 정답을 아래와 같이 답안파일에 정확히 기록하십시오.

문제유형		수험번호		성명	
문제번호			답안		
6	정답	대한민국			

◆ 4번 문제는 번호에 따라 정답과 URL을 아래와 같이 답안파일에 정확히 기록하십시오(URL은 정답을 확인할 수 있는 최종 URL을 기재하십시오).

4	정답	ITQ정보기술자격
	URL	http://www.itq.or.kr/t_info/t_info_1.asp

◆ 4번 문제의 경우 개인 홈페이지나 블로그, 지식 검색(예 : 지식iN, 위키피디아 등)과 같이 개인사견이 들어 있는 사이트, 첨부파일은 정답으로 인정하지 않습니다.
◆ 9번의 이미지 파일은 인터넷 답안지에 삽입한 후 반드시 지정된 이미지 크기로 변경하시기 바랍니다.
◆ 문제에서 제시한 단위, Full name 등의 조건에 맞도록 답안을 작성하시기 바랍니다.

인터넷 윤리 (60점, 각 30점)

※ 문제에 대한 적절한 내용의 번호를 골라 답안지에 기재하시오.

[문제 1] 올바른 인터넷 사용을 위한 네티켓으로 옳은 것은?

① 다른 사람을 비방할 경우에는 익명을 사용한다.
② 인터넷의 특성을 살려 개인의 사생활을 공유한다.
③ 논쟁은 주관적인 생각으로 자신의 의견을 관철한다.
④ 인터넷의 이용은 법적인 책임도 따른다는 사실을 알아둔다.

[문제 2] 컴퓨터에 악성 코드가 감염되어 가짜 금융 홈페이지로 연결되었을 때의 조치사항으로 옳지 않은 것은?

• 보기 •
① 해당 금융기관에 신고
② 예금인출 사고를 당한 경우 즉시 경찰청에 신고
③ 가짜 금융 홈페이지에 개인정보 및 금융거래 정보 절대 입력 금지
④ 사용 중인 바이러스 백신 제품을 삭제하고 다른 회사 제품으로 교체

인터넷 검색 (370점)

■ 일반검색 I 각 10점

[문제 3] 제39회 청룡영화제 수상자 선정 작품을 〈보기〉에서 찾아 해당 번호를 답안지에 적으시오(번호).

3-1) 여우주연상 ··· (   )
3-2) 신인감독상 ··· (   )
3-3) 신인여우상 ··· (   )

• 보기 •
① 소공녀   ② 독전   ③ 미쓰백
④ 공작   ⑤ 마녀

■ 일반검색 II　　　각 50점

[문제 4] 스마트폰에 탑재된 GPS를 활용해 위치 정보를 수집하고 이를 쇼핑, 관광 등에 활용하는 위치기반 소셜네트워크서비스로, 이용자가 자발적으로 자신의 위치를 노출해 휴대폰으로 위치를 알리고 메모를 남김으로써 친구들과 정보를 공유하고 인연을 만드는 것이다. 이 서비스의 이름을 무엇(영문)이라 하는지 검색하시오(정답, URL).

[문제 5] 아마존 같은 해외 사이트뿐 아니라 국내 온라인몰에서도 쉽게 직구가 가능해지면서 국내 해외직구 시장이 확대되고 있다. 통계청 온라인쇼핑동향에서 2018년 3/4분기 미국의 가전·전자·통신기기 해외직접구매액(단위: 백만원)을 검색하시오(정답).

■ 가로 · 세로 정보검색　　　각 30점

※ 아래 각 문제의 설명을 읽고 가로·세로에 알맞은 단어를 답안에 기재하시오(정답).

[문제 6] (가로) 조선 세종 32년에 만든 구리 활자로 안평 대군의 글씨를 자본으로 하여 만들었으나, 활자는 전하지 않고 간행본으로 '고문진보'가 전한다. 이 활자의 이름을 검색하시오.

[문제 7] (세로) '허술한 데가 없이 야무지고 알차다'를 이르는 우리말을 검색하시오.

[문제 8] (가로) '검단 노새의 재주'라는 뜻으로, 겉치레뿐이고 실속이 보잘것없는 솜씨를 이르는 사자성어를 검색하시오.

■ 실용검색 | 각 50점

[문제 9] 지하철 노선 경로 찾기 서비스(포털 및 전문 검색사이트)를 이용하여 부산 괘법르네시떼역에서 장전역을 지하철(전철)로 가는 경로(최소시간)를 찾아 전체화면(경로 검색화면 포함)을 캡처하여 답안 파일에 붙여 넣으시오(이미지 크기 150mm x 100mm).

[문제 10] 국제형사경찰기구(Interpol)는 194개의 회원국 간의 수색을 조율하는 역할을 하는 기구이다. 현재 재임 중인 국제형사경찰기구 총재(성명)를 검색하시오(정답).

[문제 11] 한국은행은 3·1운동 및 대한민국임시정부 수립 100주년을 맞이해 '3·1운동 및 대한민국임시정부 수립 100주년' 기념주화 2종을 발행한다. 은화 앞면에는 국내 기념주화 최초로 점자를 표기했으며 뒷면에는 기념사업 엠블럼과 슬로건을 표현했다. 이 주화에 있는 슬로건 내용을 검색하시오(정답).

 정보 가공 (70점)

※ 제시된 주제에 따라 답안을 완성하시오.

[문제 12] 씨름이 사상 처음으로 '남·북 공동' 유네스코 인류무형문화유산에 등재됐다. 유네스코 세계유산·인류무형문화유산·세계기록유산을 통틀어 남·북이 함께 등재한 첫 사례다. 아리랑과 김치(남측 '김장문화')는 남·북이 동일한 유산을 각각 따로 등재한 사례다. 남·북의 유네스코 인류무형문화유산에 대한 정보를 검색하여 다음의 안내문 내용을 완성하시오.

[답안]

남·북의 유네스코 인류무형문화유산	
(12-1) 김홍도의 '씨름도' 이미지	(12-2) 인류무형문화유산 '김치'의 남·북 각각의 등재연도
	(12-3) 인류무형문화유산 '아리랑'의 남·북 각각의 등재연도
	(12-4) 유네스코 인류무형문화유산에 등재한 씨름의 영문 정식 등재 명칭

제07회 최신기출유형

과목	코드	문제유형	시험시간	수험번호	성명
인터넷	1152	B	60분		

수험자 유의사항

◆ 수험자는 문제지를 받는 즉시 **응시하고자 하는 과목의 문제지가 맞는지 확인**하여야 합니다.
◆ 시험과 직접 관련이 없는 행위 즉, 각종 웹사이트 로그인, 댓글 달기, 게시, 자료 업로드 등의 행위 또는 답안 내역을 보조기억장치 및 기타 통신수단(게시판, 이메일, 메신저, 네트워크 등)을 이용하여 타인에게 전달 또는 외부로 반출하는 경우는 자격기본법 제32에 의거 부정행위로 간주되어 본 시험 및 국가공인 자격시험을 2년간 응시할 수 없습니다.
◆ 내문서₩ITQ 또는 라이브러리₩문서₩ITQ 폴더의 "답안파일-인터넷.hwp" 파일을 열어 파일 이름을 "수험번호-성명-인터넷.hwp"로 답안폴더에 다시 저장한 후 답안 작성을 시작하여야 하며, 답안문서 파일명이 일치하지 않을 경우 실격 처리됩니다(예 : 12345678-홍길동-인터넷.hwp). (시험시 제공되는 답안파일 양식을 사용하지 않을 경우에는 0점 처리됨)
◆ 답안 작성을 마치면 파일을 저장하고, '답안 전송' 버튼을 선택하여 감독위원 PC로 답안을 전송하십시오. 수험자 정보와 저장한 파일명이 다를 경우 전송되지 않으므로 주의하시기 바랍니다.
◆ 답안 작성 중에도 **주기적으로 저장하고 답안을 전송**하여야 문제 발생을 줄일 수 있습니다. 작업한 내용을 저장하지 않고 전송할 경우 이전에 저장된 내용이 전송되오니 이점 유의하시기 바랍니다.
◆ 시험 중 부주의 또는 고의로 시스템을 파손한 경우는 수험자가 변상해야 하며, 〈수험자 유의사항〉에 기재된 방법대로 이행하지 않아 생기는 불이익은 수험자 당사자의 책임임을 알려 드립니다.
◆ 시험을 완료한 수험자는 답안파일이 전송되었는지 확인한 후 감독위원의 지시에 따라 문제지를 제출하고 퇴실합니다.

답안 작성요령

◆ 온라인 답안 작성 절차
 수험자 등록 ➡ 시험 시작 ➡ 답안파일 저장 ➡ 답안 전송 ➡ 시험 종료
◆ 시험 시작 전 시험과 무관한 프로그램의 실행을 중지시켜 주시기 바랍니다(채팅, 파일공유 등).
◆ 문제에 (정답)이라고 표시되어 있으면 정답만을 작성란에 기재하고, (정답, URL)이라고 표시되어 있으면 정답과 함께 URL을 반드시 기재하시기 바랍니다. 이를 준수하지 않을 경우 감점, 오답 처리 등 불이익이 있을 수 있습니다.
◆ 문제 번호에 따라 정답을 아래와 같이 답안파일에 정확히 기록하십시오.

문제유형		수험번호		성명	
문제번호			답안		
6	정답		대한민국		

◆ 4번 문제는 번호에 따라 정답과 URL을 아래와 같이 답안파일에 정확히 기록하십시오(URL은 정답을 확인할 수 있는 최종 URL을 기재하십시오).

4	정답	ITQ정보기술자격
	URL	http://www.itq.or.kr/t_info/t_info_1.asp

◆ 4번 문제의 경우 개인 홈페이지나 블로그, 지식 검색(예 : 지식iN, 위키피디아 등)과 같이 개인사견이 들어 있는 사이트, 첨부파일은 정답으로 인정하지 않습니다.
◆ 9번의 이미지 파일은 인터넷 답안지에 삽입한 후 반드시 지정된 이미지 크기로 변경하시기 바랍니다.
◆ 문제에서 제시한 단위, Full name 등의 조건에 맞도록 답안을 작성하시기 바랍니다.

인터넷 윤리 (60점, 각 30점)

※ 문제에 대한 적절한 내용의 번호를 골라 답안지에 기재하시오.

[문제 1] 다음 중 인터넷 스팸메일에 대한 설명으로 옳은 것은?

① 컴퓨터 바이러스 감염은 없다.
② 원치 않는 음란물 정보를 접할 수 있다.
③ 받은 메일에서 수신거부를 하면 절대 다시는 오지 않는다.
④ 다량의 스팸메일이 와도 메일함 사용에는 전혀 문제가 없다.

[문제 2] 다음 중 전자책의 장점으로 옳지 않은 것은?

• 보기 •
① 텍스트 색인이 가능하다.
② 출판과 유통 비용을 절약할 수 있다.
③ 멀티미디어 정보를 추가로 이용할 수 있다.
④ 구입한 전자책은 저작권의 영향 없이 무료 배포할 수 있다.

인터넷 검색 (370점)

■ 일반검색 I   각 10점

[문제 3] 제76회 골든 글로브(Golden Globes) 영화 부문(Motion Picture) 수상자 선정 작품을 〈보기〉에서 찾아 해당 번호를 답안지에 적으시오(번호).

3-1) 드라마 남우주연상(Best Performance by an Actor – Drama) ················· (   )
3-2) 감독상(Best Director) ·· (   )
3-3) 각본상(Best Screenplay) ··· (   )

• 보기 •
① 킬링이브(Killing Eve)   ② 보헤미안 랩소디(Bohemian Rhapsody)
③ 퍼스트 맨(First Man)   ④ 그린 북(Green Book)   ⑤ 로마(Roma)

■ 일반검색 II   각 50점

[문제 4] 뉴스나 블로그 사이트에서 주로 사용하는 콘텐츠 표현 방식으로 업데이트가 빈번한 웹사이트의 정보를 사용자에게 보다 쉽게 제공하기 위하여 만들어진 XML 기반의 콘텐츠 배급 포맷을 <u>무엇(영문)</u>이라 하는지 검색하시오(정답, URL).

[문제 5] 통계청은 '2018년 12월 및 연간 고용 동향'을 발표했다. 이 자료를 보면 '15-64세 고용률(%)'은 지난해 66.6%로 전년과 동일하게 나타났다. 통계청 경제활동인구에서 2018년 제주도의 <u>15-64세 고용률</u>(단위: %)을 검색하시오(정답).

■ 가로·세로 정보검색   각 30점

※ 아래 각 문제의 설명을 읽고 가로·세로에 알맞은 단어를 답안에 기재하시오(정답).

[문제 6] (세로) '험한 벼랑길에서 바위 같은 것을 안고 겨우 돌아가게 된 곳'을 이르는 <u>우리말</u>을 검색하시오.

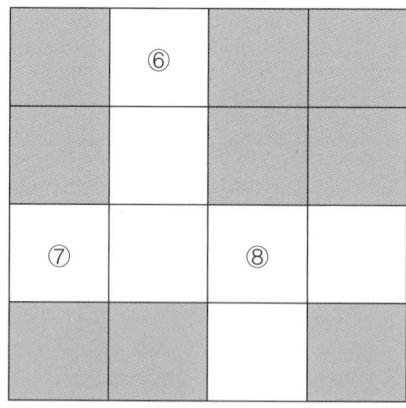

[문제 7] (가로) '제 귀를 막고 방울을 훔친다'는 뜻으로, 얕은 꾀로 남을 속이려 하나 아무 소용이 없음을 이르는 <u>사자성어</u>를 검색하시오.

[문제 8] (세로) 국악에서, 주악(奏樂) 없이 노래만 부르는 일을 <u>무엇</u>이라 하는지 검색하시오.

■ 실용검색 　　　　　　　　　　　　　　　　　　　　　　　　　　　　　각 50점

[문제 9] 지하철 노선 경로 찾기 서비스(포털 및 전문 검색사이트)를 이용하여 수도권 애오개역에서 장승배기역을 지하철(전철)로 가는 경로(최소시간)를 찾아 전체화면(경로 검색화면 포함)을 캡처하여 답안 파일에 붙여 넣으시오(이미지 크기 150 mm x 100 mm).

[문제 10] 한국석유공사에서는 전국 주유소의 판매가격을 실시간으로 조사·제공하는 오피넷을 운영하고 있다. 오피넷 자료 중 인천 강화군 교동면의 주유소 중에서 최저가 주유소(보통휘발유 기준)의 보통휘발유 가격(단위: 원/리터, 2019년 2월 9일 기준)을 검색하시오(정답).

[문제 11] 원 월드 트레이드 센터(One World Trade Center, 1WTC)는 미국 맨해튼의 구 세계무역센터가 위치해 있었던 자리에 재건한 타워 건물이다. 원 월드 트레이드 센터 전망대(One World Observatory)의 홈페이지 티켓요금(General Admission ; ADULT STANDARD ; 단위-$; 세금 및 수수료 미포함 금액)을 검색하시오(정답).

정보 가공　　　　　　　　　　　　　　　　　　　　　　　(70점)

※ 제시된 주제에 따라 답안을 완성하시오.

[문제 12] 최저임금 인상에 따라 경영상 어려움에 처할 수 있는 소상공인과 영세 중소기업의 경영부담을 완화하고, 노동자의 고용불안을 해소하기 위해 정부는 사업주에게 인건비 일부를 지원하고 있다. 최저임금에 대한 정보를 검색하여 다음의 안내문 내용을 완성하시오.

[답안]

2019년 최저임금 월급(209시간, 고시기준)	
(12-1) 근로복지공단 CI (국문 가로조합) 이미지	(12-2) 2019년 최저임금 월급(209시간, 고시기준) (12-3) 2019년 최저임금 월급의 국민연금 근로자부담금 (12-4) 2019년 최저임금 월급 상용근로자 1인에 대한 일자리안정자금 월 최대 지원액(5인 미만 사업장)

최신기출유형

과목	코드	문제유형	시험시간	수험번호	성명
인터넷	1152	C	60분		

수험자 유의사항

- ◆ 수험자는 문제지를 받는 즉시 **응시하고자 하는 과목의 문제지가 맞는지 확인**하여야 합니다.
- ◆ 시험과 직접 관련이 없는 행위 즉, 각종 웹사이트 로그인, 댓글 달기, 게시, 자료 업로드 등의 행위 또는 답안 내역을 보조기억장치 및 기타 통신수단(게시판, 이메일, 메신저, 네트워크 등)을 이용하여 타인에게 전달 또는 외부로 반출하는 경우는 자격기본법 제32에 의거 부정행위로 간주되어 본 시험 및 국가공인 자격시험을 2년간 응시할 수 없습니다.
- ◆ 내문서₩ITQ 또는 라이브러리₩문서₩ITQ 폴더의 "답안파일-인터넷.hwp" 파일을 열어 파일 이름을 "수험번호-성명-인터넷.hwp"로 답안폴더에 다시 저장한 후 답안 작성을 시작하여야 하며, 답안문서 파일명이 일치하지 않을 경우 실격 처리됩니다(예 : 12345678-홍길동-인터넷.hwp). (시험시 제공되는 답안파일 양식을 사용하지 않을 경우에는 0점 처리됨)
- ◆ 답안 작성을 마치면 파일을 저장하고, '답안 전송' 버튼을 선택하여 감독위원 PC로 답안을 전송하십시오. 수험자 정보와 저장한 파일명이 다를 경우 전송되지 않으므로 주의하시기 바랍니다.
- ◆ 답안 작성 중에도 **주기적으로 저장하고 답안을 전송**하여야 문제 발생을 줄일 수 있습니다. 작업한 내용을 저장하지 않고 전송할 경우 이전에 저장된 내용이 전송되오니 이점 유의하시기 바랍니다.
- ◆ 시험 중 부주의 또는 고의로 시스템을 파손한 경우는 수험자가 변상해야 하며, 〈수험자 유의사항〉에 기재된 방법대로 이행하지 않아 생기는 불이익은 수험자 당사자의 책임임을 알려 드립니다.
- ◆ 시험을 완료한 수험자는 답안파일이 전송되었는지 확인한 후 감독위원의 지시에 따라 문제지를 제출하고 퇴실합니다.

답안 작성요령

- ◆ 온라인 답안 작성 절차
  수험자 등록 ➡ 시험 시작 ➡ 답안파일 저장 ➡ 답안 전송 ➡ 시험 종료
- ◆ 시험 시작 전 시험과 무관한 프로그램의 실행을 중지시켜 주시기 바랍니다(채팅, 파일공유 등).
- ◆ 문제에 (정답)이라고 표시되어 있으면 정답만을 작성란에 기재하고, (정답, URL)이라고 표시되어 있으면 정답과 함께 URL을 반드시 기재하시기 바랍니다. 이를 준수하지 않을 경우 감점, 오답 처리 등 불이익이 있을 수 있습니다.
- ◆ 문제 번호에 따라 정답을 아래와 같이 답안파일에 정확히 기록하십시오.

문제유형		수험번호		성명	
문제번호				답안	
6	정답	대한민국			

- ◆ 4번 문제는 번호에 따라 정답과 URL을 아래와 같이 답안파일에 정확히 기록하십시오(URL은 정답을 확인할 수 있는 최종 URL을 기재하십시오).

4	정답	ITQ정보기술자격
	URL	http://www.itq.or.kr/t_info/t_info_1.asp

- ◆ 4번 문제의 경우 개인 홈페이지나 블로그, 지식 검색(예 : 지식iN, 위키피디아 등)과 같이 개인사견이 들어 있는 사이트, 첨부파일은 정답으로 인정하지 않습니다.
- ◆ 9번의 이미지 파일은 인터넷 답안지에 삽입한 후 반드시 지정된 이미지 크기로 변경하시기 바랍니다.
- ◆ 문제에서 제시한 단위, Full name 등의 조건에 맞도록 답안을 작성하시기 바랍니다.

The Insight KPC
kpc 한국생산성본부

 인터넷 윤리   (60점, 각 30점)

※ 문제에 대한 적절한 내용의 번호를 골라 답안지에 기재하시오.

[문제 1]   컴퓨터 바이러스 감염을 예방하기 위한 방법으로 옳은 것은?

① 프리웨어는 절대로 사용하지 않는다.
② 중요한 파일은 복사본을 만들어둔다.
③ 모든 소프트웨어는 최신 버전으로 구매한다.
④ 발신인을 알 수 없는 메일은 열어보고 삭제한다.

[문제 2]   다음 중 모바일뱅킹(인터넷뱅킹)의 특징으로 옳지 않은 것은?

• 보기 •
① 개인정보유출을 방지할 수 있으며, 가장 안전한 금융거래를 할 수 있다.
② 은행은 거래비용을 줄이고 개별고객에 대한 맞춤 서비스를 강화할 수 있다.
③ 고객은 거래시간과 수수료를 절약할 수 있다.
④ 시간과 공간의 제약 없이 금융거래를 할 수 있다.

인터넷 검색   (370점)

■ 일반검색 Ⅰ   각 10점

[문제 3]   다음 베를린영화제의 개막작 작품명을 〈보기〉에서 찾아 해당 번호를 답안지에 적으시오(번호).

3-1) 제69회 베를린영화제 개막작 ·· (   )
3-2) 제68회 베를린영화제 개막작 ·· (   )
3-3) 제67회 베를린영화제 개막작 ·· (   )

• 보기 •
① 장고 인 멜로디(Django)   ② 헤일, 시저!(Hail, Caesar!)   ③ 개들의 섬(Isle of Dogs)
④ 노바디 원츠 더 나이트(Nobody Wants The Night)
⑤ 더 카인드니스 오브 스트레인저스(The Kindness of Strangers)

■ 일반검색 II **각 50점**

[문제 4] 무선 통신의 용량을 높이기 위한 스마트 안테나 기술로 기지국과 휴대 단말기의 안테나를 2개 이상으로 늘려 데이터를 여러 경로로 전송하는 기술이다. 이것을 무엇(영문)이라 하는지 검색하시오 (정답, URL).

[문제 5] 국가 기본통계 작성을 위한 분류 기준이 되며, 직종별 급여 및 수당 지급의 결정, 사회보험 요율 적용 기준, 각종 법령 등에서 준용되고 있는 한국표준직업분류를 제7차 개정·고시하고 2018년 1월 1일부터 시행하였다. 제7차 개정 한국표준직업분류(KSCO)에서 '빅데이터전문가'의 분류코드(세세분류)를 검색하시오(정답).

■ 가로·세로 정보검색 **각 30점**

※ 아래 각 문제의 설명을 읽고 가로·세로에 알맞은 단어를 답안에 기재하시오(정답).

[문제 6] (세로) 통일 신라 시대에, 서라벌 사람들이 철 따라 찾아가 놀던 집을 무엇이라 했는지 검색하시오.

[문제 7] (세로) '남에게 비웃음과 놀림을 받게 됨'을 이르는 우리말을 검색하시오.

[문제 8] (가로) 혜택이 영원히 미침을 이르는 사자성어를 검색하시오.

■ 실용검색   각 50점

[문제 9] 길 찾기 서비스(포털 및 전문 검색사이트)를 이용하여 서울 종로3가역 12번 출구 앞에서 서울대학교병원 정문을 자동차로 가는 지도 경로(최단거리)를 찾아 전체화면(경로 검색화면 포함)을 캡처하여 답안 파일에 붙여 넣으시오(이미지 크기 150mm × 100mm).

[문제 10] 우정사업본부에서는 매년 유네스코 인류무형문화유산 기념우표를 발행하고 있다. 2019년에 발행 예정인 기념우표의 문화유산 등재연도를 검색하시오(정답).

[문제 11] 상표란 자기의 상품과 타인의 상품을 식별하기 위하여 사용하는 표장(標章)을 말한다. 국내 특허 검색에서 국내 상표 출원번호가 4120160016192인 상표의 출원인을 검색하시오(정답).

 정보 가공   (70점)

※ 제시된 주제에 따라 답안을 완성하시오.

[문제 12] 세계원예박람회는 국제원예화훼 업계 조직인 국제원예자협회 비준으로 열리는 국제전시회로 중국은 여러 차례의 세계원예박람회를 거행하였다. 북경세계원예박람회에 대한 정보를 검색하여 다음의 안내문 내용을 완성하시오.

[답안]

북경세계원예박람회	
(12-1) 북경세계원예박람회 엠블럼 이미지	(12-2) 북경세계원예박람회 개최기간(월일) (12-3) 북경세계원예박람회 마스코트 이름(2개) (12-4) 북경세계원예박람회 공식 홈페이지(URL) 주소

최신기출유형

과목	코드	문제유형	시험시간	수험번호	성명
인터넷	1152	D	60분		

수험자 유의사항

- ◆ 수험자는 문제지를 받는 즉시 **응시하고자 하는 과목의 문제지가 맞는지 확인**하여야 합니다.
- ◆ 시험과 직접 관련이 없는 행위 즉, 각종 웹사이트 로그인, 댓글 달기, 게시, 자료 업로드 등의 행위 또는 답안 내역을 보조기억장치 및 기타 통신수단(게시판, 이메일, 메신저, 네트워크 등)을 이용하여 타인에게 전달 또는 외부로 반출하는 경우는 자격기본법 제32에 의거 부정행위로 간주되어 본 시험 및 국가공인 자격시험을 2년간 응시할 수 없습니다.
- ◆ 내문서₩ITQ 또는 라이브러리₩문서₩ITQ 폴더의 "답안파일-인터넷.hwp" 파일을 열어 파일 이름을 "수험번호-성명-인터넷.hwp"로 답안폴더에 다시 저장한 후 답안 작성을 시작하여야 하며, 답안문서 파일명이 일치하지 않을 경우 실격 처리됩니다(예 : 12345678-홍길동-인터넷.hwp). (시험시 제공되는 답안파일 양식을 사용하지 않을 경우에는 0점 처리됨)
- ◆ 답안 작성을 마치면 파일을 저장하고, '답안 전송' 버튼을 선택하여 감독위원 PC로 답안을 전송하십시오. 수험자 정보와 저장한 파일명이 다를 경우 전송되지 않으므로 주의하시기 바랍니다.
- ◆ 답안 작성 중에도 **주기적으로 저장하고 답안을 전송**하여야 문제 발생을 줄일 수 있습니다. 작업한 내용을 저장하지 않고 전송할 경우 이전에 저장된 내용이 전송되오니 이점 유의하시기 바랍니다.
- ◆ 시험 중 부주의 또는 고의로 시스템을 파손한 경우는 수험자가 변상해야 하며, 〈수험자 유의사항〉에 기재된 방법대로 이행하지 않아 생기는 불이익은 수험자 당사자의 책임임을 알려 드립니다.
- ◆ 시험을 완료한 수험자는 답안파일이 전송되었는지 확인한 후 감독위원의 지시에 따라 문제지를 제출하고 퇴실합니다.

답안 작성요령

- ◆ 온라인 답안 작성 절차
  수험자 등록 ➡ 시험 시작 ➡ 답안파일 저장 ➡ 답안 전송 ➡ 시험 종료
- ◆ 시험 시작 전 시험과 무관한 프로그램의 실행을 중지시켜 주시기 바랍니다(채팅, 파일공유 등).
- ◆ 문제에 (정답)이라고 표시되어 있으면 정답만을 작성란에 기재하고, (정답, URL)이라고 표시되어 있으면 정답과 함께 URL을 반드시 기재하시기 바랍니다. 이를 준수하지 않을 경우 감점, 오답 처리 등 불이익이 있을 수 있습니다.
- ◆ 문제 번호에 따라 정답을 아래와 같이 답안파일에 정확히 기록하십시오.

문제유형		수험번호		성명	
문제번호			답안		
6	정답	대한민국			

- ◆ 4번 문제는 번호에 따라 정답과 URL을 아래와 같이 답안파일에 정확히 기록하십시오(URL은 정답을 확인할 수 있는 최종 URL을 기재하십시오).

4	정답	ITQ정보기술자격
	URL	http://www.itq.or.kr/t_info/t_info_1.asp

- ◆ 4번 문제의 경우 개인 홈페이지나 블로그, 지식 검색(예 : 지식iN, 위키피디아 등)과 같이 개인사견이 들어 있는 사이트, 첨부파일은 정답으로 인정하지 않습니다.
- ◆ 9번의 이미지 파일은 인터넷 답안지에 삽입한 후 반드시 지정된 이미지 크기로 변경하시기 바랍니다.
- ◆ 문제에서 제시한 단위, Full name 등의 조건에 맞도록 답안을 작성하시기 바랍니다.

kpc 한국생산성본부

인터넷 윤리 (60점, 각 30점)

※ 문제에 대한 적절한 내용의 번호를 골라 답안지에 기재하시오.

[문제 1] 다음 중 개인정보보호법에서 정하고 있는 개인정보보호 원칙에 어긋나는 것은?

① 정보주체의 권리침해 위험성 등을 고려, 안전성 확보
② 열람청구권 등 정보주체의 권리보장
③ 개인정보 처리사항 비공개
④ 처리목적의 명확화

[문제 2] 다음 중 인터넷 중독의 증상으로 옳지 않은 것은?

• 보기 •
① 인터넷을 사용하지 않으면 초조해하고 불안 증상을 보인다.
② 현실과 가상의 구분 능력이 뚜렷해지고 공감각 능력이 높아진다.
③ 온라인상에서 과도하게 시간을 허비하고 인터넷을 그만두는 것에 어려움을 느낀다.
④ 수면량과 운동량이 줄어들게 되고 취미가 없어지고 가족과 함께 하는 시간이 현저히 줄어든다.

인터넷 검색 (370점)

■ 일반검색 Ⅰ   각 10점

[문제 3] 제69회 베를린국제영화제(Berlin International Film Festival, 2019)의 수상작품을 〈보기〉에서 찾아 해당 번호를 답안지에 적으시오(번호).

3-1) 은곰상–심사위원 대상 : Silver Bear Grand Jury Prize ·················· (   )

3-2) 은곰상–감독상 : Silver Bear for Best Director ·················· (   )

3-3) 은곰상–여우주연상(여자연기자상) : Silver Bear for Best Actress ·················· (   )

• 보기 •
① Di jiu tian chang(So Long, My Son)   ② Grâce à Dieu(By the Grace of God)
③ Ich war zuhause, aber(I Was at Home, But)   ④ Synonymes(Synonyms)
⑤ Systemsprenger(System Crasher)

■ 일반검색 II 　　　　　　　　　　　　　　　　　　　　　　　　　각 50점

[문제 4] 웹사이트 접속 과정에 적용되는 표준 기술의 하나로, 홈페이지 보안 증서가 사용자에게 제대로 전달되지 않는 문제를 해결하기 위해 만든 기술이다. 실제 홈페이지(IP 주소)는 하나이지만 여러 주소(URL)로 접속할 수 있도록 홈페이지를 구성할 때 사용한다. 이 기술을 <u>무엇</u>(영문)이라 하는지 검색하시오(정답, URL).

[문제 5] 인구성장률은 인구변화의 대표적인 지표로 총인구와 함께 국가의 장·단기 발전계획 수립이나 각종 경제 및 사회 정책 수립에 가장 기본적이고 근원적인 자료로 활용된다. 통계청 국가지표체계에서 <u>2019년 인구성장률</u>(단위: %)을 검색하시오(정답).

■ 가로·세로 정보검색 　　　　　　　　　　　　　　　　　　　　　각 30점

※ 아래 각 문제의 설명을 읽고 가로·세로에 알맞은 단어를 답안에 기재하시오(정답).

[문제 6] (세로) '규격을 갖추는 데 필요한 여러 조건'을 이르는 <u>우리 말</u>을 검색하시오.

[문제 7] (가로) 욕심 많은 사람은 재물이라면 목숨도 아랑곳하지 않고 좇음을 이르는 <u>사자성어</u>를 검색하시오.

[문제 8] (세로) 밤에 산꼭대기에서 평지로 부는 바람을 <u>무엇</u>이라 하는지 검색하시오.

■ 실용검색

각 50점

[문제 9] 길 찾기 서비스(포털 및 전문 검색사이트)를 이용하여 광주광역시 중흥삼거리에서 광주4.19혁명기념관을 도보로 가는 지도 경로를 찾아 전체화면(경로 검색화면 포함)을 캡처하여 답안 파일에 붙여 넣으시오(이미지 크기 150mm x 100mm).

[문제 10] 검역법에 따라 검역감염병 오염지역을 체류하거나 경유한 해외여행객은 입국할 때 건강 상태 질문서를 작성해 검역관에게 제출해야 한다. 2019년 1월 1일 기준으로 콜레라(Cholera) 오염지역으로 분류된 국가 중에서 대한민국과 가장 가까운 거리에 있는 국가(국가명)를 검색하시오.

[문제 11] 룩셈부르크 소재 레터원(LetterOne)은 혈압, 혈당, 비만, 우울증, 행복, 알코올 섭취량, 흡연량, 운동량, 건강한 기대수명, 정부 헬스케어 지출 등 10가지 항목을 기준으로 세계웰빙지수(Global Wellness Index)를 측정했다. 2019년에 발표한 세계웰빙지수에서 스웨덴(Sweden)의 순위를 검색하시오(정답).

 정보 가공 (70점)

※ 제시된 주제에 따라 답안을 완성하시오.

[문제 12] 국가중요문화재로 지정되어 있는 화폐박물관은 한국은행 창립 50주년을 맞아 개관하였다. 개관 이후 화폐박물관은 서울 도심에서 대한민국을 대표하는 중앙은행 박물관으로서 전시물과 관객이 함께 소통할 수 있는 대표적인 복합문화공간으로 자리 잡았다. 한국은행 화폐박물관에 대한 정보를 검색하여 다음의 안내문 내용을 완성하시오.

[답안]

한국은행 화폐박물관	
(12-1) 한국은행 창립 50주년 기념주화(앞·뒷면) 이미지	(12-2) 화폐박물관 개관일(연월일) (12-3) 화폐박물관 문화재 지정번호 (12-4) 화폐박물관 주소(도로명)

최신기출유형

과목	코드	문제유형	시험시간	수험번호	성명
인터넷	1152	E	60분		

수험자 유의사항

◆ 수험자는 문제지를 받는 즉시 **응시하고자 하는 과목의 문제지가 맞는지 확인**하여야 합니다.
◆ 시험과 직접 관련이 없는 행위 즉, 각종 웹사이트 로그인, 댓글 달기, 게시, 자료 업로드 등의 행위 또는 답안 내역을 보조기억장치 및 기타 통신수단(게시판, 이메일, 메신저, 네트워크 등)을 이용하여 타인에게 전달 또는 외부로 반출하는 경우는 자격기본법 제32에 의거 부정행위로 간주되어 본 시험 및 국가공인 자격시험을 2년간 응시할 수 없습니다.
◆ 내문서₩ITQ 또는 라이브러리₩문서₩ITQ 폴더의 "답안파일-인터넷.hwp" 파일을 열어 파일 이름을 "수험번호-성명-인터넷.hwp"로 답안폴더에 다시 저장한 후 답안 작성을 시작하여야 하며, 답안문서 파일명이 일치하지 않을 경우 실격 처리됩니다(예 : 12345678-홍길동-인터넷.hwp). (시험시 제공되는 답안파일 양식을 사용하지 않을 경우에는 0점 처리됨)
◆ 답안 작성을 마치면 파일을 저장하고, '답안 전송' 버튼을 선택하여 감독위원 PC로 답안을 전송하십시오. 수험자 정보와 저장한 파일명이 다를 경우 전송되지 않으므로 주의하시기 바랍니다.
◆ 답안 작성 중에도 **주기적으로 저장하고 답안을 전송**하여야 문제 발생을 줄일 수 있습니다. 작업한 내용을 저장하지 않고 전송할 경우 이전에 저장된 내용이 전송되오니 이점 유의하시기 바랍니다.
◆ 시험 중 부주의 또는 고의로 시스템을 파손한 경우는 수험자가 변상해야 하며, 〈수험자 유의사항〉에 기재된 방법대로 이행하지 않아 생기는 불이익은 수험자 당사자의 책임임을 알려 드립니다.
◆ 시험을 완료한 수험자는 답안파일이 전송되었는지 확인한 후 감독위원의 지시에 따라 문제지를 제출하고 퇴실합니다.

답안 작성요령

◆ 온라인 답안 작성 절차
  수험자 등록 ➡ 시험 시작 ➡ 답안파일 저장 ➡ 답안 전송 ➡ 시험 종료
◆ 시험 시작 전 시험과 무관한 프로그램의 실행을 중지시켜 주시기 바랍니다(채팅, 파일공유 등).
◆ 문제에 (정답)이라고 표시되어 있으면 정답만을 작성란에 기재하고, (정답, URL)이라고 표시되어 있으면 정답과 함께 URL을 반드시 기재하시기 바랍니다. 이를 준수하지 않을 경우 감점, 오답 처리 등 불이익이 있을 수 있습니다.
◆ 문제 번호에 따라 정답을 아래와 같이 답안파일에 정확히 기록하십시오.

문제유형		수험번호		성명	
문제번호			답안		
6	정답	대한민국			

◆ 4번 문제는 번호에 따라 정답과 URL을 아래와 같이 답안파일에 정확히 기록하십시오(URL은 정답을 확인할 수 있는 최종 URL을 기재하십시오).

4	정답	ITQ정보기술자격
	URL	http://www.itq.or.kr/t_info/t_info_1.asp

◆ 4번 문제의 경우 개인 홈페이지나 블로그, 지식 검색(예 : 지식iN, 위키피디아 등)과 같이 개인사견이 들어 있는 사이트, 첨부파일은 정답으로 인정하지 않습니다.
◆ 9번의 이미지 파일은 인터넷 답안지에 삽입한 후 반드시 지정된 이미지 크기로 변경하시기 바랍니다.
◆ 문제에서 제시한 단위, Full name 등의 조건에 맞도록 답안을 작성하시기 바랍니다.

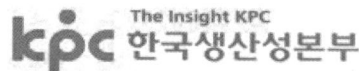

인터넷 윤리 (60점, 각 30점)

※ 문제에 대한 적절한 내용의 번호를 골라 답안지에 기재하시오.

[문제 1] 다음 중 인터넷의 역기능이 아닌 것은?

① 개방성
② 정보침해
③ 사이버범죄
④ 유해정보유통

[문제 2] 다음 중 스마트폰 백신 프로그램을 위장한 사기피해 예방 방법으로 옳지 않은 것은?

• 보기 •
① 어떠한 경우에도 보안카드 번호 전체 입력을 요구하지 않으므로 절대 입력하지 않는다.
② 출처가 불분명한 문자의 인터넷 주소는 클릭하지 말고 의심스러운 문자는 즉시 삭제한다.
③ 스마트폰 피해 예방을 위해 스마트폰 보안점검 무료 앱을 설치하여 악성 앱 설치 여부를 점검한다.
④ 스마트폰 이용 고객의 경우, 휴대전화의 환경설정 보안 메뉴에서 '알 수 없는 출처의 앱 설치'를 모두 허용한다.

인터넷 검색 (370점)

■ 일반검색 I 각 10점

[문제 3] "컴퓨터 과학의 노벨상"이라고도 불리는 튜링상(Turing Award, 튜링 어워드) 수상자를 〈보기〉에서 찾아 해당 번호를 답안지에 적으시오(번호).

3-1) 2018년 수상자 ……………………………………………………………… (   )
3-2) 2017년 수상자 ……………………………………………………………… (   )
3-3) 2016년 수상자 ……………………………………………………………… (   )

• 보기 •
① Bengio, Yoshua   ② Berners-Lee, Tim   ③ Hellman, Martin
④ Micali, Silvio   ⑤ Patterson, David

■ 일반검색 II 　　　　　　　　　　　　　　　　　　　　　　　　　각 50점

[문제 4] 인체와 공생하는 미생물 군집에 대한 유전정보를 차세대 염기서열 방법으로 분석하는 기술로, 인체 질병과 관련성을 규명하고 비만·당뇨 등의 대사성질환뿐만 아니라 면역질환, 신경계질환, 노화 등의 진단·치료제 개발에 응용된다. 이 기술을 <u>무엇</u>이라 하는지 검색하시오(정답, URL).

[문제 5] 2019년 4월 대한민국 태안 세계튤립축제가 개막하였다. 이 축제의 개막일에 기상청 서산 무인관서에서 관측한 <u>일최고기온</u>(단위: ℃)을 검색하시오(정답).

■ 가로・세로 정보검색 　　　　　　　　　　　　　　　　　　　　　각 30점

※ 아래 각 문제의 설명을 읽고 가로・세로에 알맞은 단어를 답안에 기재하시오(정답).

[문제 6] (세로) 조선 후기에, 궁내부 사옹원에 속하여 채소・생선 따위를 진상하는 일을 맡아보던 관아를 <u>무엇</u>이라 했는지 검색하시오.

[문제 7] (세로) '부끄러움을 아는 마음'을 이르는 <u>우리말</u>을 검색하시오.

[문제 8] (가로) '윗물이 흐리면 아랫물도 맑지 않다'는 뜻으로, 윗사람이 옳지 않으면 아랫사람도 이를 본받아서 행실이 옳지 못함을 이르는 <u>사자성어</u>를 검색하시오.

■ 실용검색 　　　　　　　　　　　　　　　　　　　　　　　　　　　　각 50점

[문제 9] 길 찾기 서비스(포털 및 전문 검색사이트)를 이용하여 전라남도 나주시 한국콘텐츠진흥원에서 한국인터넷진흥원을 자동차로 가는 지도 경로를 찾아 전체화면(경로 검색화면 포함)을 캡처하여 답안 파일에 붙여 넣으시오(이미지 크기 150mm x 100mm).

[문제 10] 프랑스 국립자연사박물관의 플로랑 디드로 박사가 이끄는 국제공동연구진은 필리핀 루손섬의 한 동굴에서 5만~8만 년 전 살았던 새로운 원시인류종의 화석을 발굴했다는 논문을 4월 10일 자국제학술지 네이처(Nature)에 발표했다. 연구진은 이 원시인류에 섬의 이름을 따서 이름(명명)을 붙였다. 이 원시인류의 이름을 검색하시오(정답).

[문제 11] 중앙아시아 국가 카자흐스탄은 최근 신임 카심-조마르트 토카예프 대통령의 제안으로 헌법에 명시된 수도 이름을 개명하였다. 새로 개명한 수도 이름은 누구의 이름을 딴것인지 대상자의 성명을 검색하시오(정답).

 정보 가공　　　　　　　　　　　　　　　　　　　　　　　(70점)

※ 제시된 주제에 따라 답안을 완성하시오.

[문제 12] 제30회 하계유니버시아드는 본래 개최지가 브라질의 브라질리아로 선정되었으나, 재정난을 이유로 개최를 포기하고 이탈리아의 나폴리로 선정되었다. 하계유니버시아드대회에 대한 정보를 검색하여 다음의 안내문 내용을 완성하시오.

[답안]

Summer Universiade	
(12-1) 제30회 나폴리 하계유니버시아드대회 엠블럼 이미지	(12-2) 제30회 나폴리 하계유니버시아드대회 개최기간(월일) (12-3) 제30회 나폴리 하계유니버시아드대회 태권도(Taekwondo) 경기 첫날(월일) (12-4) 제31회 하계유니버시아드대회 개최도시

 memo

PART 04

ITQ 정답

01 유형별 공략하기

02 실전모의고사

03 최신기출유형

01 유형 인터넷 윤리

문제 01	정답	④	문제 02	정답	③
문제 03	정답	④	문제 04	정답	④
문제 05	정답	②	문제 06	정답	④
문제 07	정답	①	문제 08	정답	①
문제 09	정답	②	문제 10	정답	①
문제 11	정답	②	문제 12	정답	④
문제 13	정답	②	문제 14	정답	②
문제 15	정답	③	문제 16	정답	④
문제 17	정답	④	문제 18	정답	③
문제 19	정답	④	문제 20	정답	①

02 유형 일반검색 Ⅰ

문제	1-1	정답	④	문제	2-1	정답	④
	1-2	정답	①		2-2	정답	⑤
	1-3	정답	③		2-3	정답	②
문제	3-1	정답	④	문제	4-1	정답	②
	3-2	정답	⑤		4-2	정답	①
	3-3	정답	③		4-3	정답	④
문제	5-1	정답	②	문제	6-1	정답	③
	5-2	정답	⑤		6-2	정답	①
	5-3	정답	④		6-3	정답	④
문제	7-1	정답	④	문제	8-1	정답	②
	7-2	정답	①		8-2	정답	④
	7-3	정답	③		8-3	정답	①
문제	9-1	정답	②	문제	10-1	정답	②
	9-2	정답	④		10-2	정답	③
	9-3	정답	①		10-3	정답	⑤
문제	11-1	정답	④	문제	12-1	정답	⑤
	11-2	정답	①		12-2	정답	②
	11-3	정답	②		12-3	정답	④

03 유형 일반 정보 검색 II - 유형잡기 01

문제 01	정답	라이트웨어(Lite Ware)
	URL	http://terms.naver.com/entry.nhn?docId=1222134&cid=40942&categoryId=31915
문제 02	정답	내그웨어(Nagware)
	URL	http://terms.naver.com/entry.nhn?docId=1603143&cid=50372&categoryId=50372
문제 03	정답	Digital rights management
	URL	http://www.terms.co.kr/DRM.htm
문제 04	정답	Steganography
	URL	http://www.boannews.com/media/view.asp?idx=47484
문제 05	정답	워터링 홀(Watering Hole) or 워터링 홀 공격(Watering Hole Attack)
	URL	http://www.hakawati.co.kr/71
문제 06	정답	Universal Serial Bus Type-C 또는 USB Type-C 또는 USB-C 또는 C형 유에스비
	URL	http://it.donga.com/21889/
문제 07	정답	Light Fidelity 또는 Li-Fi (라이파이)
	URL	http://www.itnews.or.kr/?p=20144
문제 08	정답	breadcrumbs
	URL	http://www.dt.co.kr/contents.html?article_no=2015052802102269808001

03 유형 일반 정보 검색 II - 유형잡기 02

문제 01	정답	10301	문제 02	정답	641,597
문제 03	정답	448.0	문제 04	정답	3.3
문제 05	정답	11.9℃	문제 06	정답	0.295
문제 07	정답	3.7	문제 08	정답	1,225명 (2,464명 - 1,239명)

04 유형 가로·세로 정보 검색

문제 01	문제 1	정답	더펄이	문제 02	문제 1	정답	알심
	문제 2	정답	이효상효		문제 2	정답	낭자야심
	문제 3	정답	경효전		문제 3	정답	자고송
문제 03	문제 1	정답	가사리	문제 04	문제 1	정답	술적심
	문제 2	정답	사시춘풍 또는 사면춘풍		문제 2	정답	강이오
	문제 3	정답	풍경궁		문제 3	정답	입이저심
문제 05	문제 1	정답	복이처	문제 06	문제 1	정답	유들유들
	문제 2	정답	결발부처		문제 2	정답	가라달
	문제 3	정답	결딴		문제 3	정답	자유활달

05 유형 실용검색 – 유형잡기 01

▼ 이곳에 답안 화면을 캡처하여 붙여 넣으시오(이미지 크기 150mm X 100mm).

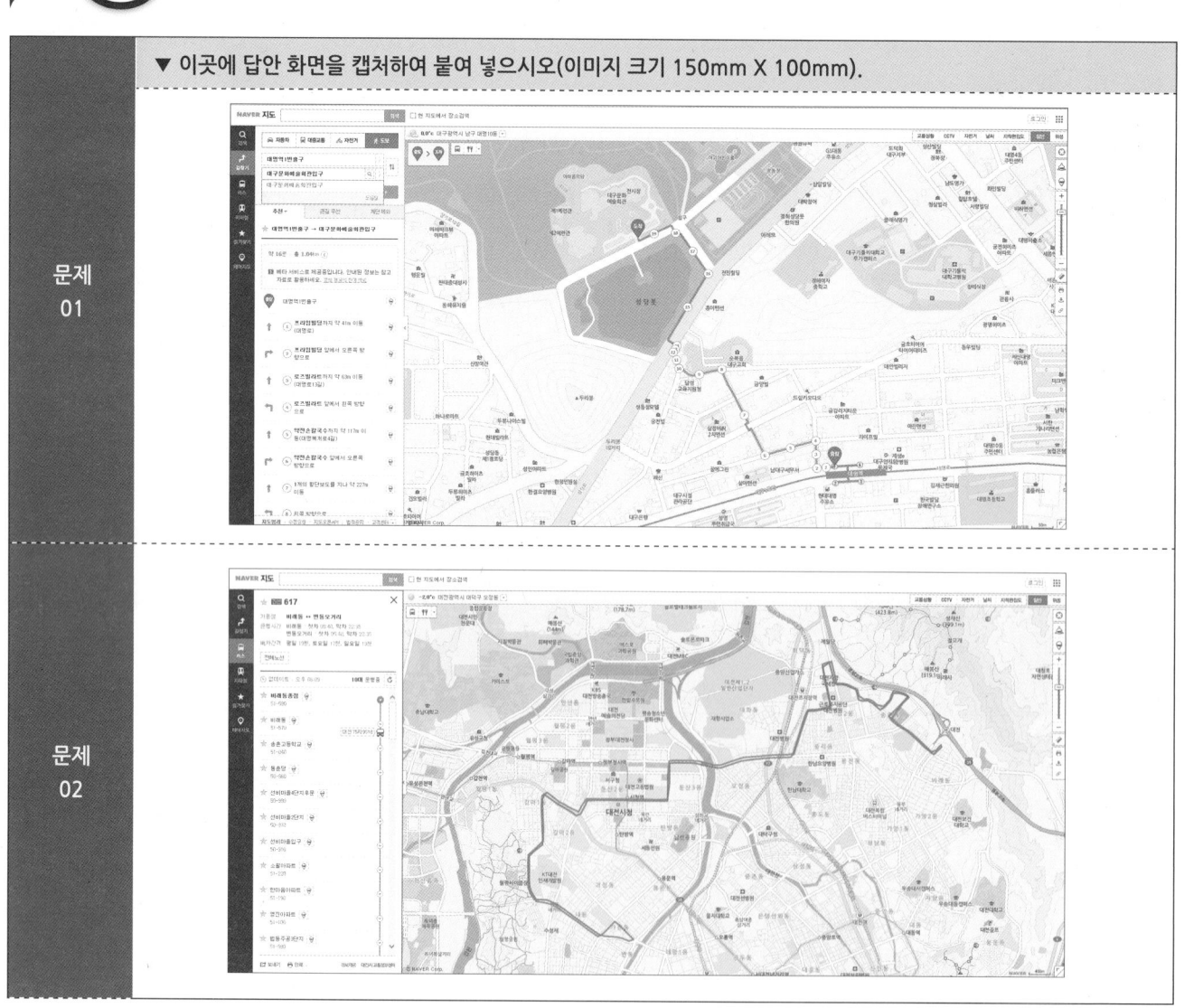

문제 01

문제 02

▼ 이곳에 답안 화면을 캡처하여 붙여 넣으시오(이미지 크기 150mm X 100mm).

문제 03

문제 04

문제 05

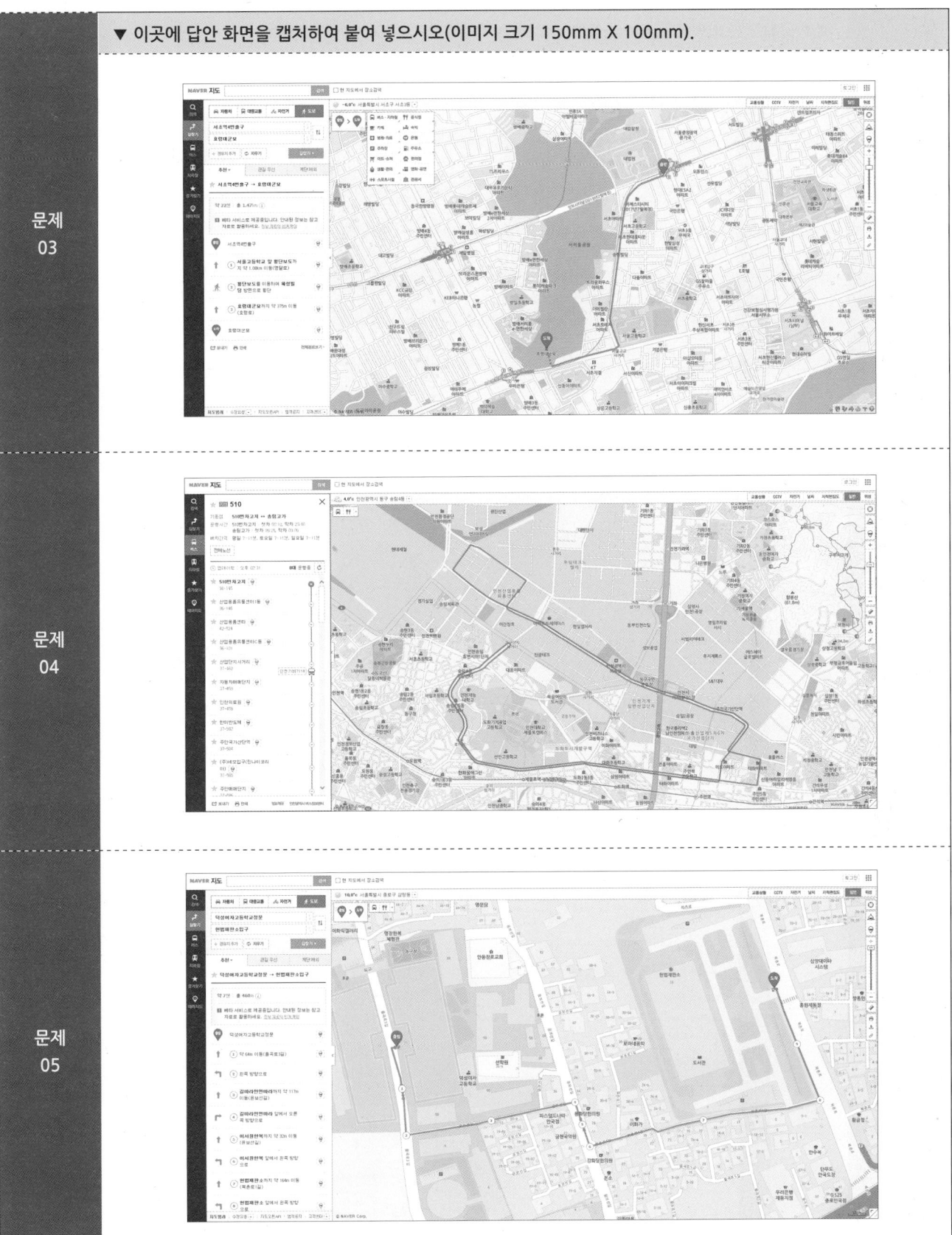

▼ 이곳에 답안 화면을 캡처하여 붙여 넣으시오(이미지 크기 150mm X 100mm).

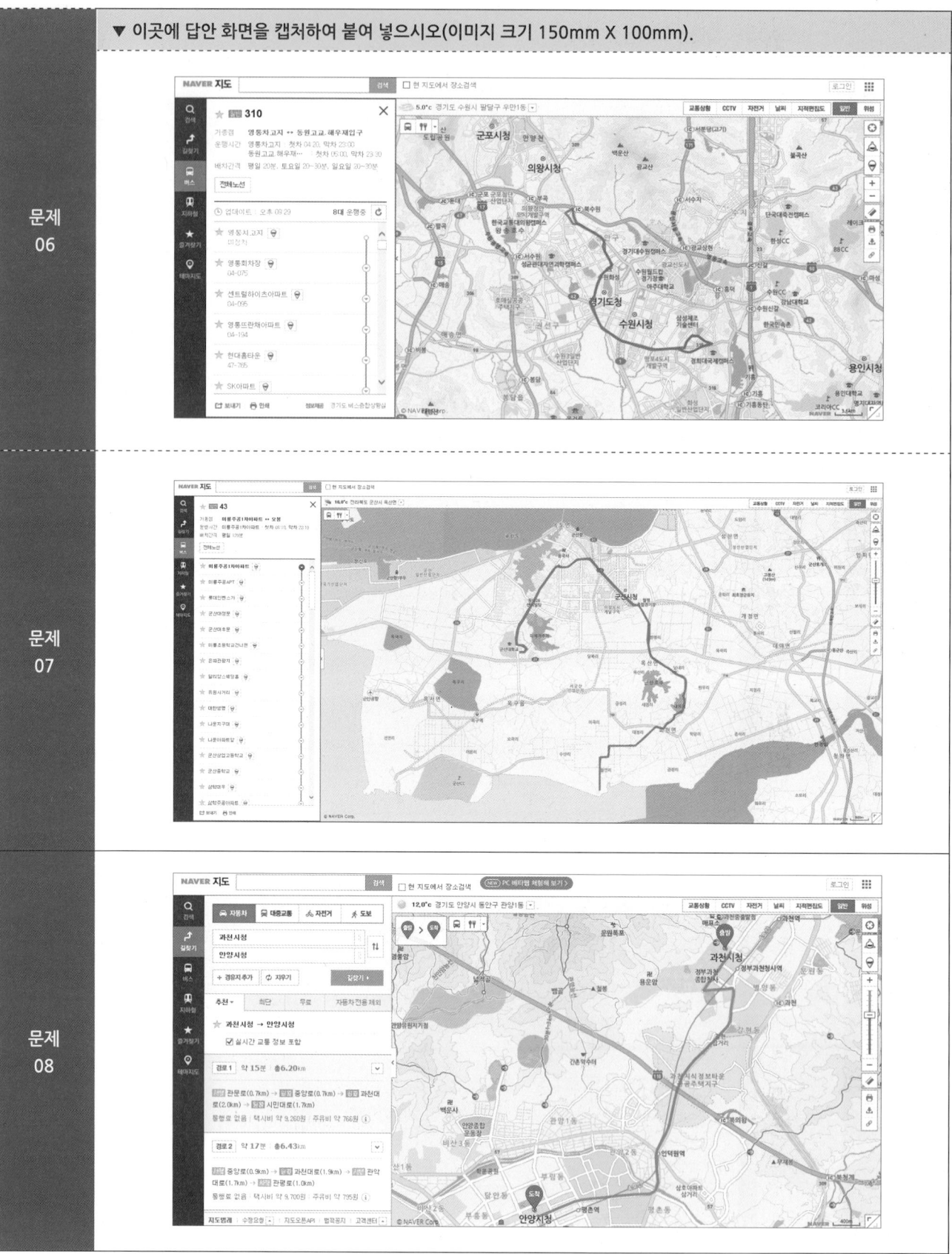

05 유형 실용검색 – 유형잡기 02

문제 01	정답	웃대 일대 마실	문제 02	정답	홍이동산, 평사리마당, 용두레벌
문제 03	정답	7,500원	문제 04	정답	송구영신카툰전 '꼬끼오 展'
문제 05	정답	사랑의 묘약(서울시오페라단 `사랑의 묘약` 앙코르)	문제 06	정답	경기도 성남시 분당구 하오개로 323
문제 07	정답	08-308	문제 08	정답	16,600원
문제 09	정답	라파엘 아란다, 카르메 피헴(피겜), 라몬 빌랄타(Rafael Aranda, Carme Pigem and Ramon Vilalta)	문제 10	정답	380원

06 유형 정보가공

문제 01
2002 FIFA 대한민국 일본 월드컵 〈새 천년, 새 만남, 새 출발〉

	(1-2) 2002년 5월 31일~6월 30일
	(1-3) 서울, 대구
	(1-4) 한국, 독일, 브라질, 터키

문제 02
중앙선거관리위원회

	(2-2) 대통령이 임명하는 3인, 국회에서 선출하는 3인, 대법원장이 지명하는 3인 등 총 9인으로 구성되며, 위원의 임기는 6년
	(2-3) 44 Hongchonmal-ro, Gwacheon-si, Gyeonggi-do
	(2-4) 4월12일

문제 03	
2017 전주국제영화제	
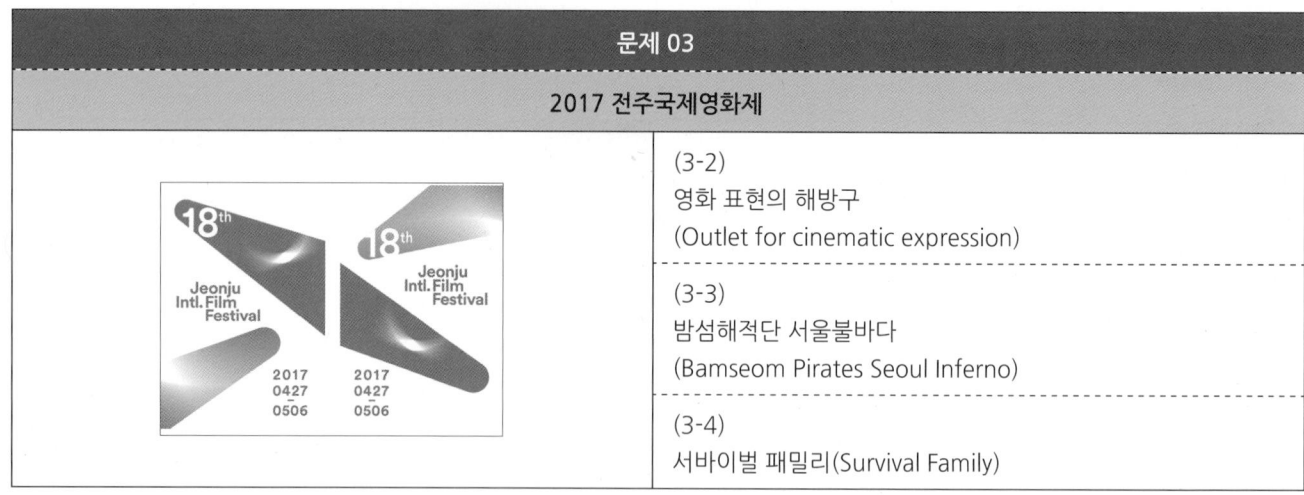	(3-2) 영화 표현의 해방구 (Outlet for cinematic expression)
	(3-3) 밤섬해적단 서울불바다 (Bamseom Pirates Seoul Inferno)
	(3-4) 서바이벌 패밀리(Survival Family)

문제 04	
세계적인 현대미술가 백남준	
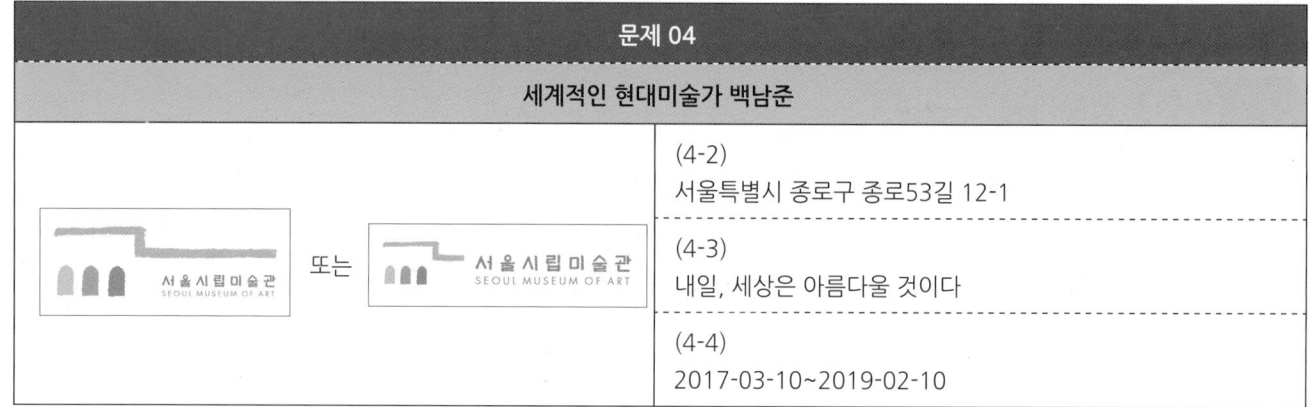	(4-2) 서울특별시 종로구 종로53길 12-1
	(4-3) 내일, 세상은 아름다울 것이다
	(4-4) 2017-03-10~2019-02-10

제01회 실전모의고사

문제번호		답 안
문제 1	정답	2
문제 2	정답	3
문제 3-1	정답	4
문제 3-2	정답	2
문제 3-3	정답	1
문제 4	정답	International Mobile Telecommunications-2020 또는 IMT-2020(아이엠티-2020)
	URL	http://www.ddaily.co.kr/news/article.html?no=154380
문제 5	정답	0.28
문제 6	정답	숫기
문제 7	정답	재기환발
문제 8	정답	발구지
문제 9	▼ 이곳에 답안 화면을 캡처하여 붙여 넣으시오(이미지 크기 150mm X 100mm). 	
문제 10	정답	1030엔
문제 11	정답	녹텐(NOCK-TEN)
문제 12	제46회 전국소년체육대회	
	(12-1)	(12-2) 몸도 튼튼, 마음도 튼튼, 나라도 튼튼 (12-3) 5월27~5월30일 (12-4) 충청남도 아산시 남부로 370-24

제02회 실전모의고사

문제번호		답 안
문제 1	정답	1
문제 2	정답	4
문제 3-1	정답	1
문제 3-2	정답	3
문제 3-3	정답	2
문제 4	정답	deep learning
	URL	http://terms.naver.com/entry.nhn?docId=2849535&cid=42346&categoryId=42346
문제 5	정답	30.3℃
문제 6	정답	상하걸
문제 7	정답	드림셈
문제 8	정답	녹림호걸
문제 9	▼ 이곳에 답안 화면을 캡처하여 붙여 넣으시오(이미지 크기 150mm X 100mm).	
	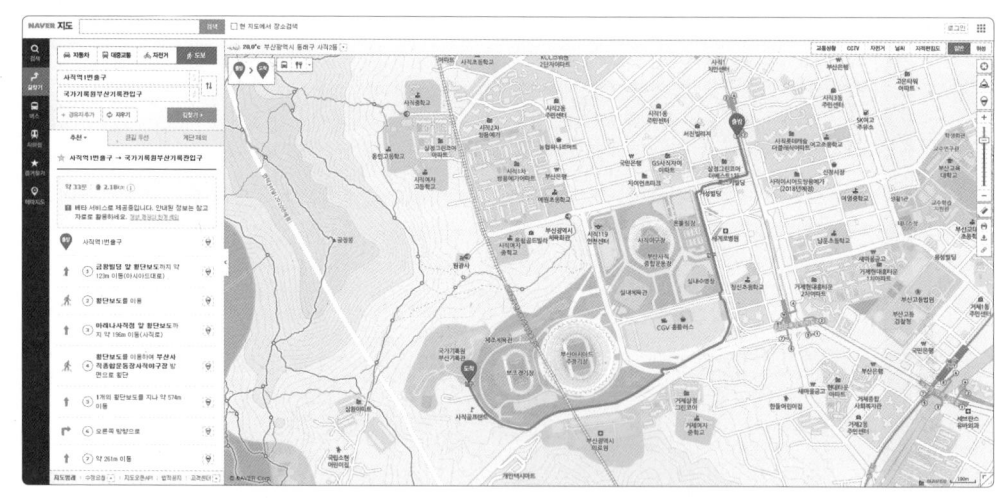	
문제 10	정답	18시 45분 (또는 6시 45분)
문제 11	정답	파푸아뉴기니
문제 12		안전한 먹거리 정보
	(12-1) 	(12-2) 식품을 제조·가공단계부터 판매단계까지 각 단계별로 이력추적 정보를 기록·관리하여 소비자에게 제공함으로써 안전한 식품선택을 위한 '소비자의 알권리'를 보장하고, 해당 식품의 안정성 등에 문제가 발생할 경우, 신속한 유통차단과 회수조치를 할 수 있도록 관리하는 제도를 말한다. (12-3) 20/02/04 (12-4) 1399

제03회 실전모의고사

문제번호		답안
문제 1	정답	1
문제 2	정답	3
문제 3-1	정답	5
문제 3-2	정답	2
문제 3-3	정답	4
문제 4	정답	다크 데이터
	URL	http://terms.naver.com/entry.nhn?docId=3548869&cid=42346&categoryId=42346
문제 5	정답	41120
문제 6	정답	계수관
문제 7	정답	강목수생
문제 8	정답	강다짐

▼ 이곳에 답안 화면을 캡처하여 붙여 넣으시오(이미지 크기 150mm X 100mm).

문제 9
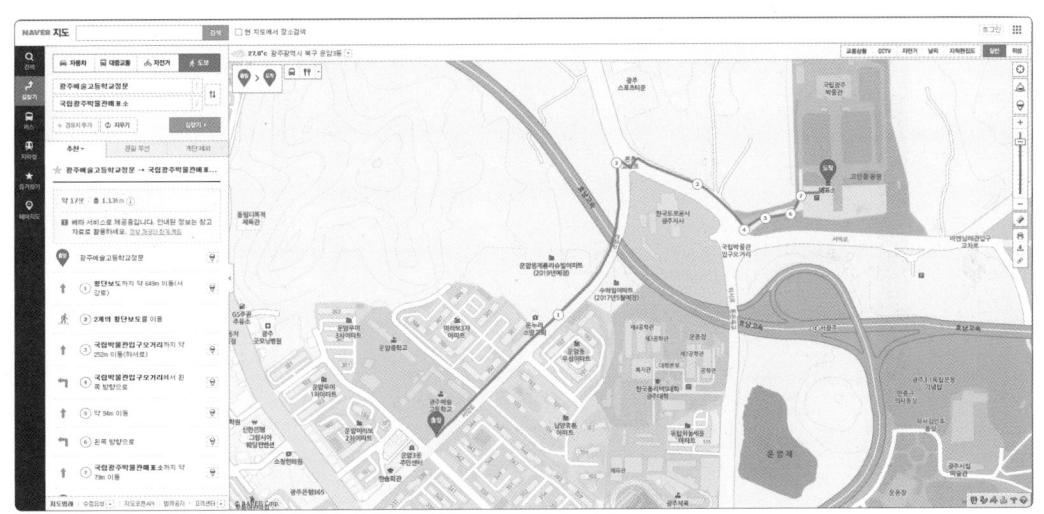

| 문제 10 | 정답 | 202,050원 |
| 문제 11 | 정답 | 2m45(2.45) |

무주 WTF 세계태권도선수권대회

문제 12

(12-1)
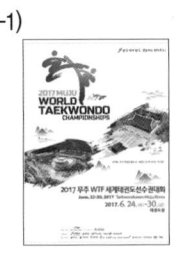

(12-2) 세계는 무주 태권도원으로, 태권도로 하나되는 지구촌

(12-3) 전라북도 무주군 설천면 무설로 1482

(12-4) 영국 맨체스터

 실전모의고사

문제번호		답 안
문제 1	정답	4
문제 2	정답	2
문제 3-1	정답	3
문제 3-2	정답	5
문제 3-3	정답	1
문제 4	정답	소물 인터넷(Internet of Small Things, IoST)
	URL	https://www.adic.or.kr/mobile/journal/column/info.mjsp?ukey=483668&oid=@182308%7C3%7C4
문제 5	정답	39.8mm
문제 6	정답	관한량
문제 7	정답	두한족열
문제 8	정답	열없다
문제 9	▼ 이곳에 답안 화면을 캡처하여 붙여 넣으시오(이미지 크기 150mm X 100mm).	

문제 10	정답	A Horse Walks Into a Bar
문제 11	정답	대전, 동대구
문제 12	우수문화상품 지정제도	
	(12-1) 	(12-2) 한복, 문화콘텐츠, 식품, 한식, 디자인상품. (12-3) 한식 진흥원 (12-4) 비비고 라이스(CJ Foodville), 　　　　수운잡방(광산김씨 설월당 종가), 　　　　음식디미방(석계종가)

제05회 실전모의고사

문제번호		답 안
문제 1	정답	4
문제 2	정답	3
문제 3-1	정답	5
문제 3-2	정답	2
문제 3-3	정답	1
문제 4	정답	리버스 쇼루밍[Reverse Showrooming]
	URL	http://terms.naver.com/entry.nhn?docId=3586096&cid=59277&categoryId=59283
문제 5	정답	260
문제 6	정답	추도지말
문제 7	정답	도두보다
문제 8	정답	말모이
문제 9	▼ 이곳에 답안 화면을 캡처하여 붙여 넣으시오(이미지 크기 150mm X 100mm).	
문제 10	정답	S$79
문제 11	정답	10,000원

문제 12	3050 기념사업	
	(12-1)	(12-2) 1987.7.1.
		(12-3) 1967.12.29.
		(12-4) 지리산, 북한산

제06회 실전모의고사

문제번호		답안
문제 1	정답	4
문제 2	정답	1
문제 3-1	정답	3
문제 3-2	정답	2
문제 3-3	정답	5
문제 4	정답	메디치 효과(Medici Effect)
	URL	http://terms.naver.com/entry.nhn?docId=3384565&cid=58393&categoryId=58393
문제 5	정답	103.48
문제 6	정답	거래금
문제 7	정답	근열원래
문제 8	정답	열없다
문제 9	▼ 이곳에 답안 화면을 캡처하여 붙여 넣으시오(이미지 크기 150mm X 100mm).	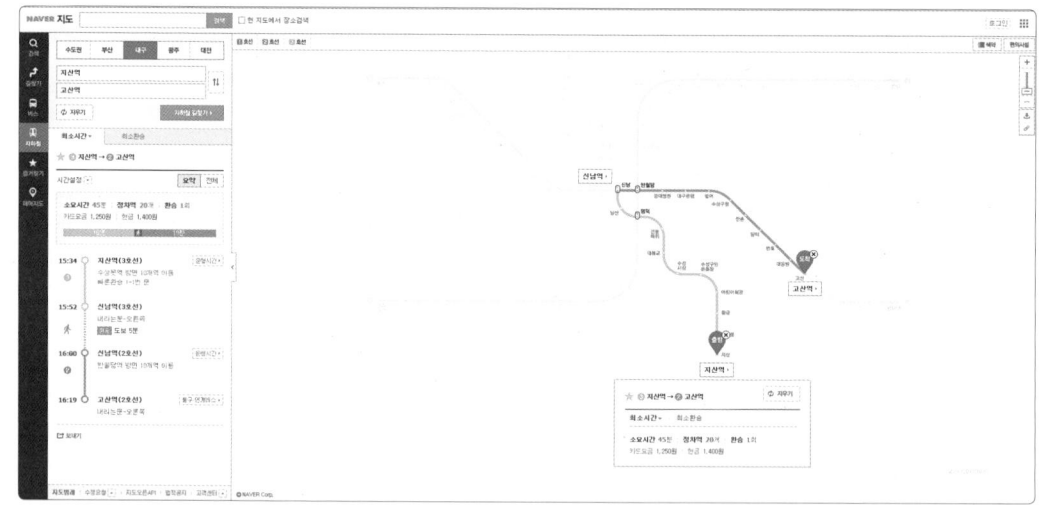
문제 10	정답	통영오광대, 고성오광대, 가산오광대
문제 11	정답	비트네이션 난민 긴급 대책(BRER, BitNation Refugee Emergency Response)
문제 12		경주세계문화엑스포 (12-1) (12-2) 30,000원 (12-3) 3,000원 (12-4) 2017년 11월 11일~12월 3일 (2017년 11월 9일~12월 3일)

제07회 실전모의고사

문제번호		답 안
문제 1	정답	3
문제 2	정답	1
문제 3-1	정답	2
문제 3-2	정답	4
문제 3-3	정답	1
문제 4	정답	지오펜싱[Geofencing]
	URL	http://terms.naver.com/entry.nhn?docId=3586096&cid=59277&categoryId=59283
문제 5	정답	사회과학
문제 6	정답	하문불치[下問不恥]
문제 7	정답	문문하다
문제 8	정답	치도곤
문제 9	▼ 이곳에 답안 화면을 캡처하여 붙여 넣으시오(이미지 크기 150mm X 100mm). 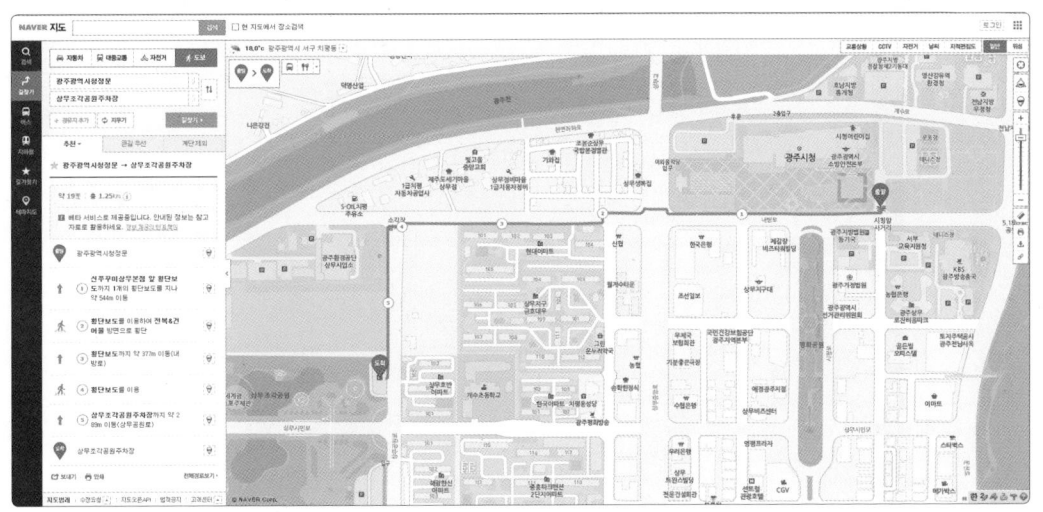	
문제 10	정답	강원도
문제 11	정답	제3호
문제 12	(12-1)  또는	ITU Telecom World 2017 (12-2) 9.25.(월)~9.28.(목) (12-3) Smart Digital Transformation, Global Opportunity (12-4) 8.84

제08회 실전모의고사

문제번호		답 안
문제 1	정답	2
문제 2	정답	4
문제 3-1	정답	3
문제 3-2	정답	5
문제 3-3	정답	1
문제 4	정답	지시에스이(GCSE[Group Communication System Enablers])
	URL	http://terms.naver.com/entry.nhn?docId=3548910&cid=42346&categoryId=42346
문제 5	정답	담레이(DAMREY)
문제 6	정답	과두시사
문제 7	정답	시부저기
문제 8	정답	각저도
문제 9	▼ 이곳에 답안 화면을 캡처하여 붙여 넣으시오(이미지 크기 150mm X 100mm).	
문제 10	정답	캔디안 댄스
문제 11	정답	무예도보통지
문제 12	2018 FIFA 러시아 월드컵	
	(12-1) 	(12-2) 6월 14일~7월 15일(14 June~15 July) (12-3) 자비바카(Zabivaka) (12-4) 루즈니키 스타디움 (Luzhniki stadium)

제09회 실전모의고사

문제번호		답 안
문제 1	정답	4
문제 2	정답	3
문제 3-1	정답	2
문제 3-2	정답	4
문제 3-3	정답	3
문제 4	정답	인터넷 밈, Internet meme
	URL	http://www.pressian.com/news/article.html?no=161591&ref=nav_search
문제 5	정답	549,474
문제 6	정답	쌩이질
문제 7	정답	범성불이[凡聖不二]
문제 8	정답	성수가
문제 9	▼ 이곳에 답안 화면을 캡처하여 붙여 넣으시오(이미지 크기 150mm X 100mm).	
	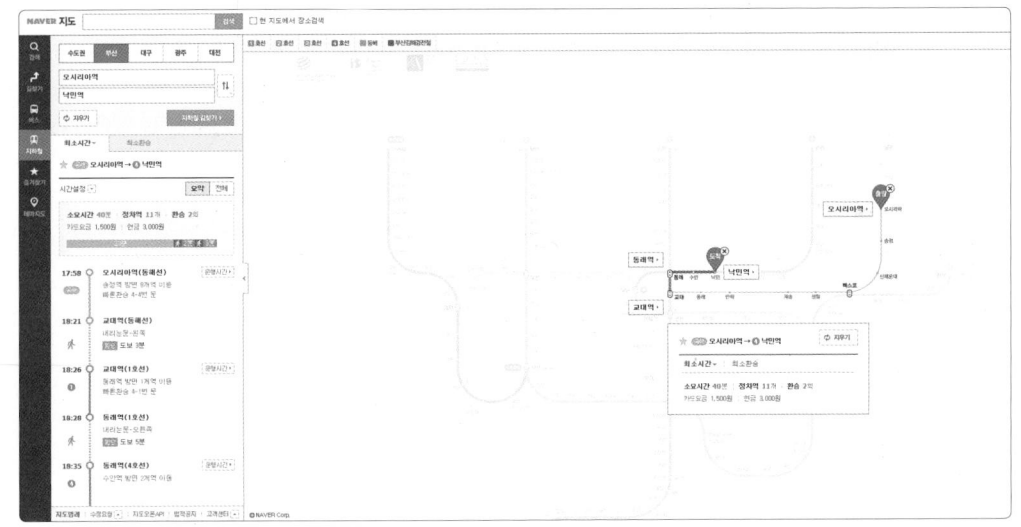	
문제 10	정답	사마라(samara)
문제 11	정답	강원도 철원군 동송읍 장흥리 20-15
문제 12		인천국제공항 제2여객터미널
	(12-1)	(12-2) 1월 18일
	EXPECT EXCEPTIONAL	(12-3) 대한항공, 델타항공, 에어프랑스, KLM네덜란드항공
		(12-4) 5시20분

제10회 실전모의고사

문제번호		답안
문제 1	정답	1
문제 2	정답	3
문제 3-1	정답	4
문제 3-2	정답	2
문제 3-3	정답	1
문제 4	정답	파싱(parsing)
	URL	http://terms.naver.com/entry.nhn?docId=2454969&cid=42346&categoryId=42346
문제 5	정답	36,100,000
문제 6	정답	서털구털
문제 7	정답	노병회
문제 8	정답	수구여병
문제 9	▼ 이곳에 답안 화면을 캡처하여 붙여 넣으시오(이미지 크기 150mm X 100mm). 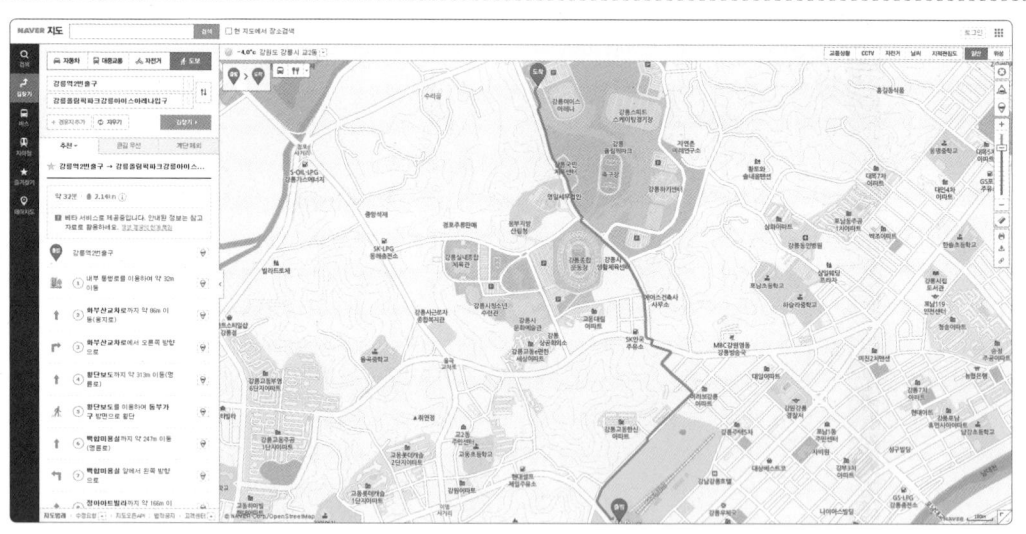	
문제 10	정답	세계문화유산기준 (II), (III)　　(또는 기준(ii), (III)), (또는 등재기준 2, 3)
문제 11	정답	6월8일~6월9일
문제 12	(12-1)  또는 	제18회 아시아경기대회(아시안게임) (12-2) 자카르타(Jakarta), 팔렘방(Palembang) (12-3) 8월 18일~9월 2일 (12-4) 겔로라 붕 카르노 경기장(Stadion Gelora Bung Karno)

제11회 실전모의고사

문제번호		답안
문제 1	정답	4
문제 2	정답	1
문제 3-1	정답	5
문제 3-2	정답	2
문제 3-3	정답	1
문제 4	정답	디지털 트윈(Digital Twin)
	URL	http://terms.naver.com/entry.nhn?docId=3548894&cid=42346&categoryId=42346
문제 5	정답	14,082명 (또는 -14,082명)
문제 6	정답	너울가지
문제 7	정답	교귀
문제 8	정답	전가사귀(錢可使鬼) (또는 전가통귀(錢可通鬼))

▼ 이곳에 답안 화면을 캡처하여 붙여 넣으시오(이미지 크기 150mm X 100mm).

문제 9

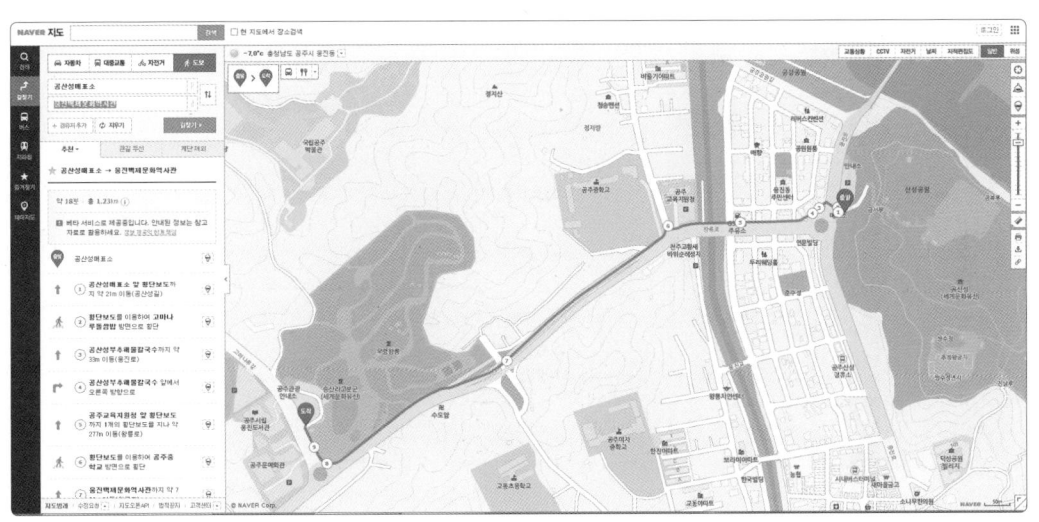

문제 10	정답	CI261
문제 11	정답	2,900원

문제 12

한성백제박물관

(12-1)

![Seoul Together we stand]

(12-2) 오전 9시~오후 9시

(12-3) 2012년 4월 30일

(12-4) 제297호

 **제12회** 실전모의고사

문제번호		답 안
문제 1	정답	3
문제 2	정답	4
문제 3-1	정답	4
문제 3-2	정답	1
문제 3-3	정답	5
문제 4	정답	스와이프(Swype)
	URL	http://m.dt.co.kr/contents.html?article_no=2014020502012269795002#08PR
문제 5	정답	-17.1℃
문제 6	정답	개원절류[開源節流]
문제 7	정답	개코쥐코
문제 8	정답	절두천
문제 9	▼ 이곳에 답안 화면을 캡처하여 붙여 넣으시오(이미지 크기 150mm X 100mm).	
	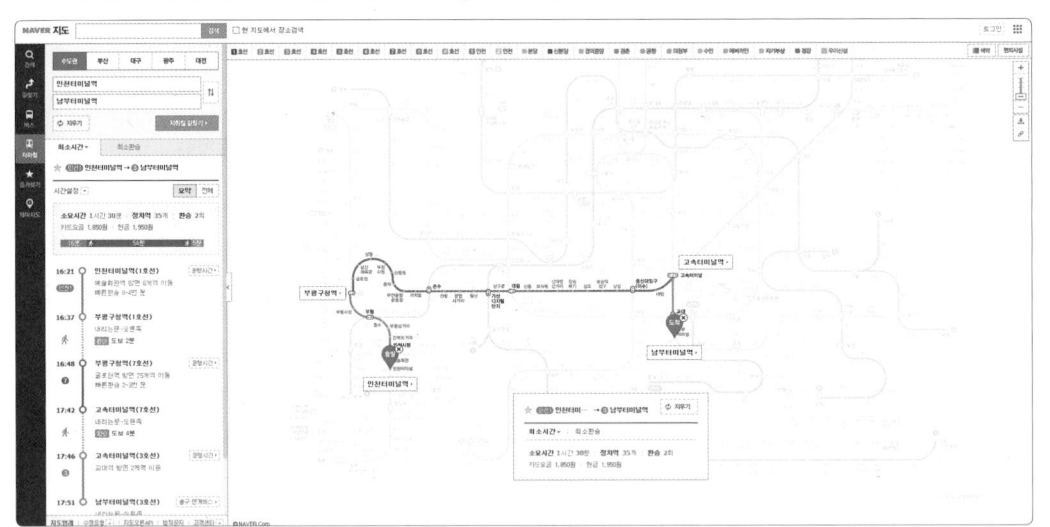	
문제 10	정답	RM80
문제 11	정답	4분06초387
문제 12	2020 도쿄 하계 올림픽 · 패럴림픽	
	(12-1) 	(12-2) 아르헨티나 부에노스아이레스 (12-3) 7월 24일~8월 9일 (12-4) 8월 25일~9월 6일

제13회 실전모의고사

문제번호		답 안
문제 1	정답	2
문제 2	정답	3
문제 3-1	정답	2
문제 3-2	정답	5
문제 3-3	정답	1
문제 4	정답	스낵 컬처(Snack Culture)
	URL	http://www.webdaily.co.kr/view.php?ud=20170502120728819445701_7
문제 5	정답	4.2℃
문제 6	정답	벼락불
문제 7	정답	곡파무
문제 8	정답	해불양파
문제 9	▼ 이곳에 답안 화면을 캡처하여 붙여 넣으시오(이미지 크기 150mm X 100mm).	
문제 10	정답	0.878
문제 11	정답	피지(Fiji)
문제 12	성북선잠박물관	
	(12-1) 성북선잠박물관 로고 또는	(12-2) 터를 찾다, 예를 다하다, 풍요를 바라다 (12-3) 13호 (12-4) 서울특별시 성북구 성북로 96

제14회 실전모의고사

문제번호		답안
문제 1	정답	1
문제 2	정답	3
문제 3-1	정답	2
문제 3-2	정답	5
문제 3-3	정답	3
문제 4	정답	자동 완성[auto complete]
	URL	https://terms.naver.com/entry.nhn?docId=863963&cid=42346&categoryId=42346
문제 5	정답	1,316
문제 6	정답	균치
문제 7	정답	치추지지
문제 8	정답	지며리

▼ 이곳에 답안 화면을 캡처하여 붙여 넣으시오(이미지 크기 150mm X 100mm).

문제 9

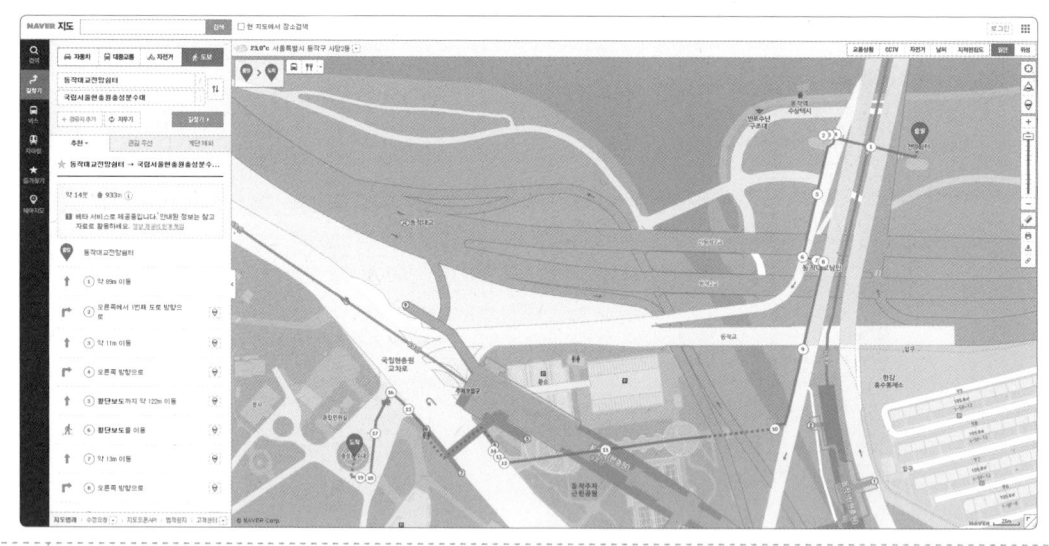

문제 10	정답	Sochi(소치)
문제 11	정답	117,250원

청와대 소장품 특별전 〈함께, 보다〉

문제 12

(12-1)

(12-2) 1부 '대한민국 미술전람회를 보다'
2부 '사계절을 보다'
3부 '청와대를 만나다'
4부 '영상 공간'

(12-3) 서세옥

(12-4) 매주 화~일요일 09:00~18:00(매주 월요일 휴무)

제15회 실전모의고사

문제번호		답안
문제 1	정답	2
문제 2	정답	4
문제 3-1	정답	3
문제 3-2	정답	5
문제 3-3	정답	2
문제 4	정답	프로그래매틱 광고(Programmatic Advertising) 또는 애드테크(ad tech) 또는 하이테크(high-tech) 광고
	URL	http://www.itworld.co.kr/news/101787
문제 5	정답	18.2℃
문제 6	정답	계라차지
문제 7	정답	지싯지싯
문제 8	정답	차래지식
문제 9	▼ 이곳에 답안 화면을 캡처하여 붙여 넣으시오(이미지 크기 150mm X 100mm).	
문제 10	정답	996
문제 11	정답	한국의 편액 (또는 편액)(또는 Pyeon-aek : Hanging Wooden Plaques in Korea)

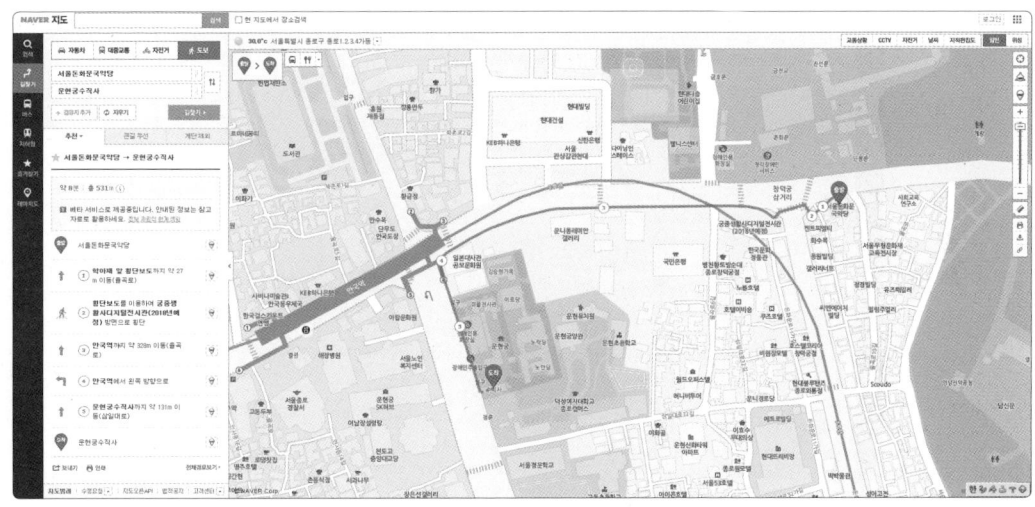

문제 12	2018 광주비엔날레
(12-1)	(12-2) 9.7(금)~11.11(일) (12-3) "Imagined Borders" (12-4) 14,000원

제01회 최신기출유형

문제번호		답안
문제 1	정답	1
문제 2	정답	4
문제 3-1	정답	2
문제 3-2	정답	3
문제 3-3	정답	6
문제 4	정답	디지털포렌식(digital forensic)
	URL	https://terms.naver.com/entry.nhn?docId=932202&cid=43667&categoryId=43667
문제 5	정답	47.0mm
문제 6	정답	추주어륙[推舟於陸]
문제 7	정답	주리팅이
문제 8	정답	이덕무

▼ 이곳에 답안 화면을 캡처하여 붙여 넣으시오(이미지 크기 150mm X 100mm).

문제 9

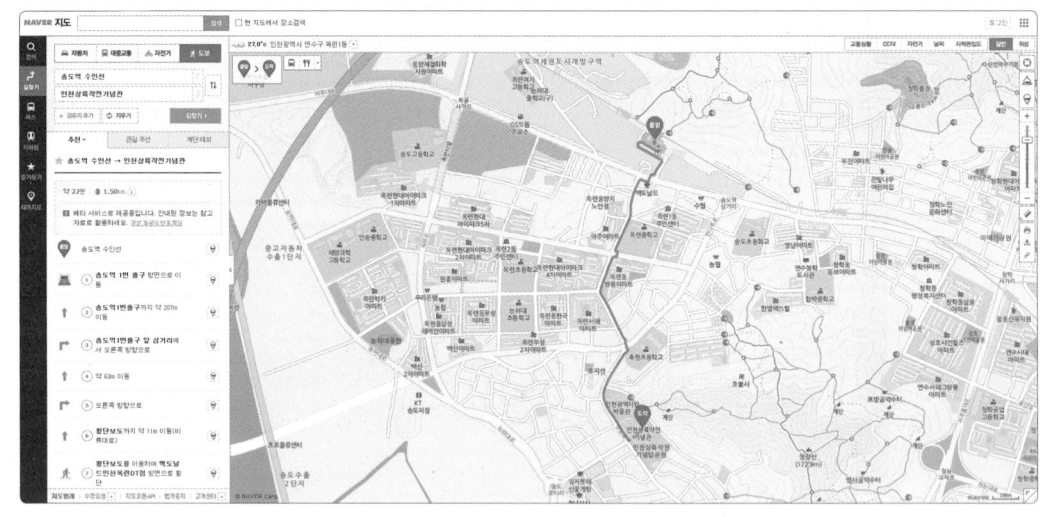

문제 10	정답	바쿠
문제 11	정답	목요일 17:30

2018 충주세계소방관경기대회

문제 12

(12-1)

영웅이

(12-2) 9월10일~17일

(12-3) 홍진영

(12-4) 줄다리기, 물통릴레이, 마라톤

제02회 최신기출유형

문제번호		답 안
문제 1	정답	3
문제 2	정답	2
문제 3-1	정답	5
문제 3-2	정답	1
문제 3-3	정답	3
문제 4	정답	Virtual Engine Sound System ; VESS
	URL	https://terms.naver.com/entry.nhn?docId=3586076&cid=59277&categoryId=59283
문제 5	정답	608
문제 6	정답	재우
문제 7	정답	갈민대우[渴民待雨]
문제 8	정답	대조전
문제 9	▼ 이곳에 답안 화면을 캡처하여 붙여 넣으시오(이미지 크기 150mm X 100mm).	
문제 10	정답	100엔
문제 11	정답	보스니아-헤르체고비나, 프랑스, 벨기에, 스페인, 아르메니아, 영국

문제 12

제47회 전국소년체육대회

(12-1)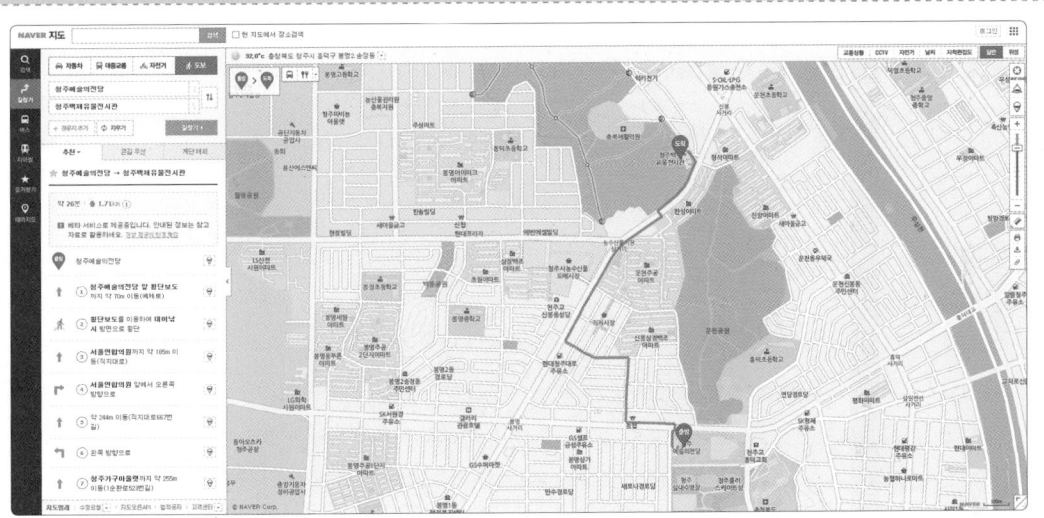

(12-2) 초등21, 중등36

(12-3) 5월 26일~5월 29일

(12-4) 전라북도

제03회 최신기출유형

문제번호		답 안
문제 1	정답	4
문제 2	정답	3
문제 3-1	정답	2
문제 3-2	정답	5
문제 3-3	정답	1
문제 4	정답	Webrooming
	URL	https://terms.naver.com/entry.nhn?docId=3484041&cid=58439&categoryId=58439
문제 5	정답	24,996
문제 6	정답	산고수장[山高水長]
문제 7	정답	수나롭다
문제 8	정답	구다국
문제 9	▼ 이곳에 답안 화면을 캡처하여 붙여 넣으시오(이미지 크기 150mm X 100mm).	
	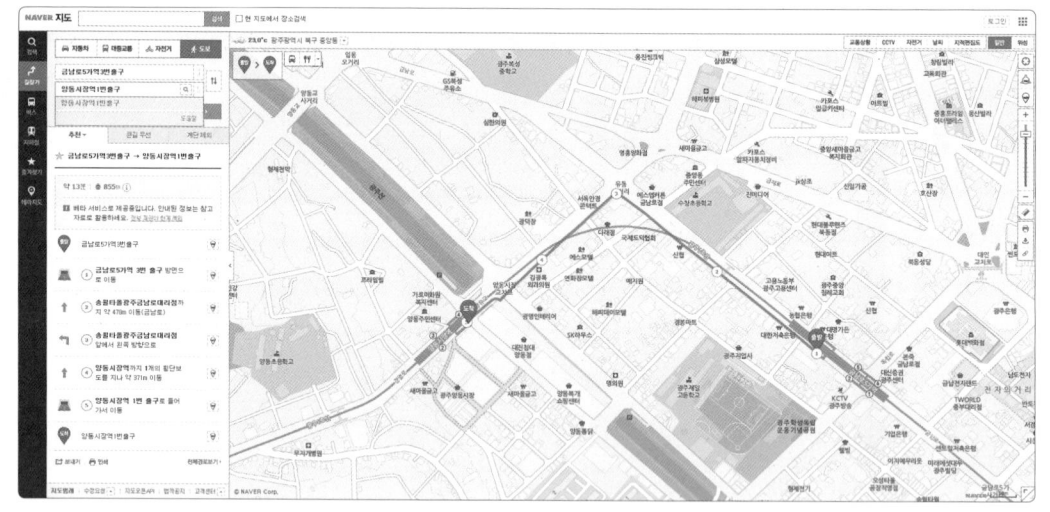	
문제 10	정답	₩ 37,200
문제 11	정답	65
문제 12	모노하의 대표작가 이우환	
	(12-1)	(12-2) 2,000원
		(12-3) Ando Tadao
		(12-4) 아를(Arle)

제04회 최신기출유형

문제번호		답안
문제 1	정답	4
문제 2	정답	1
문제 3-1	정답	3
문제 3-2	정답	5
문제 3-3	정답	2
문제 4	정답	bug bounty
	URL	https://terms.naver.com/entry.nhn?docId=3597336&cid=43667&categoryId=43667
문제 5	정답	172.5mm
문제 6	정답	왕배덕배
문제 7	정답	배녹사
문제 8	정답	배주해원
문제 9	▼ 이곳에 답안 화면을 캡처하여 붙여 넣으시오(이미지 크기 150mm X 100mm).	
문제 10	정답	김홍도 필 삼공불환도(또는 삼공불환도)
문제 11	정답	에어필립 3P1451 (에어필립 1451)

문제 12

제23회 부산국제영화제

(12-1)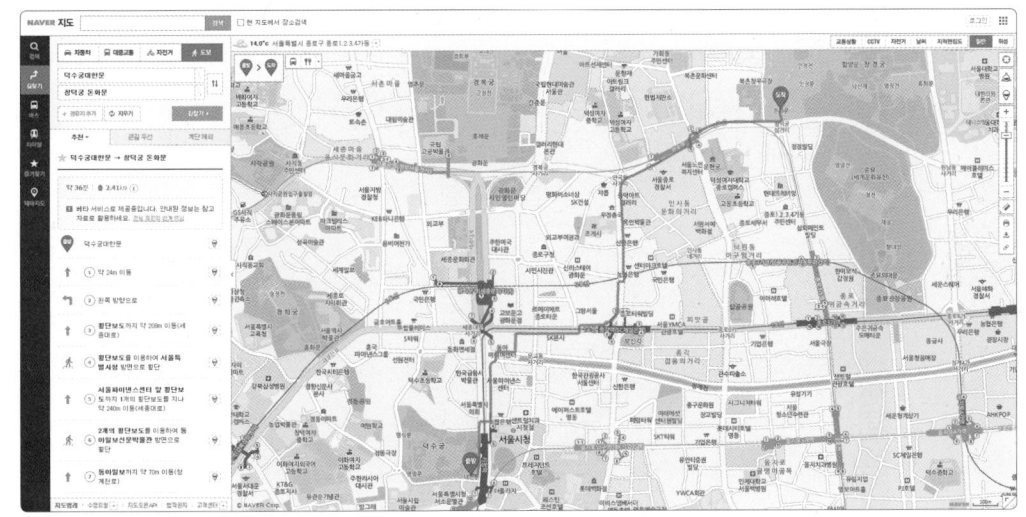

(12-2) 황영성

(12-3) 뷰티풀 데이즈(Beautiful Days)

(12-4) 사카모토 류이치

제05회 최신기출유형

문제번호		답안
문제 1	정답	2
문제 2	정답	3
문제 3-1	정답	3
문제 3-2	정답	1
문제 3-3	정답	2
문제 4	정답	Virtual Advertising
	URL	https://terms.naver.com/entry.nhn?docId=3587049&cid=59277&categoryId=59280
문제 5	정답	101.2
문제 6	정답	틀거지
문제 7	정답	가경전
문제 8	정답	경국지사[經國之士]
문제 9	▼ 이곳에 답안 화면을 캡처하여 붙여 넣으시오(이미지 크기 150mm X 100mm).	
문제 10	정답	4월 3일
문제 11	정답	우리소아청소년과의원

문제 12	유니버시아드	
	(12-1) 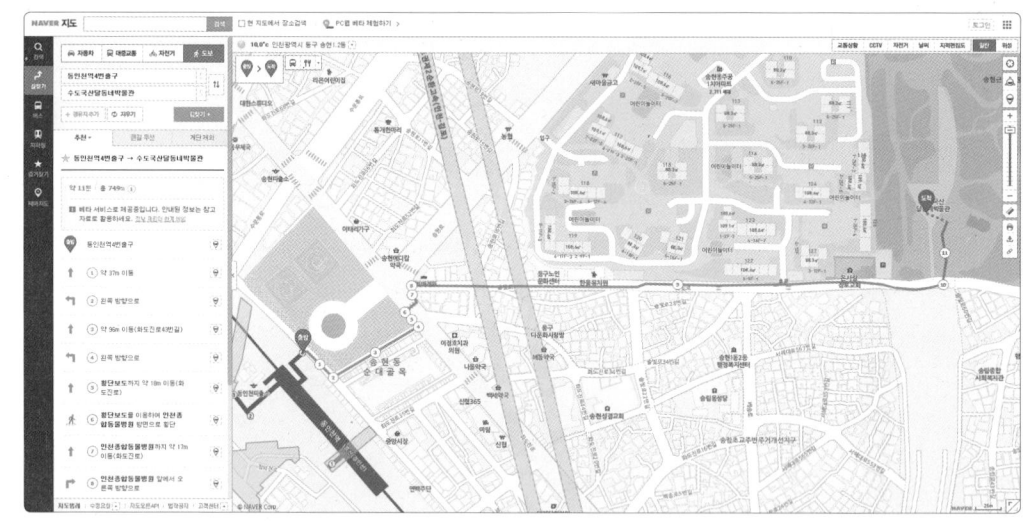	(12-2) 크라스노야르스크(Krasnoyarsk)
		(12-3) 나폴리(Napoli 또는 Naples)
		(12-4) 대구, 광주

제06회 최신기출유형

문제번호		답 안
문제 1	정답	4
문제 2	정답	4
문제 3-1	정답	3
문제 3-2	정답	1
문제 3-3	정답	5
문제 4	정답	Foursquare
	URL	https://terms.naver.com/entry.nhn?docId=2070436&cid=55570&categoryId=55570
문제 5	정답	56,762
문제 6	정답	경오자
문제 7	정답	오달지다
문제 8	정답	검려지기
문제 9	▼ 이곳에 답안 화면을 캡처하여 붙여 넣으시오(이미지 크기 150mm X 100mm). 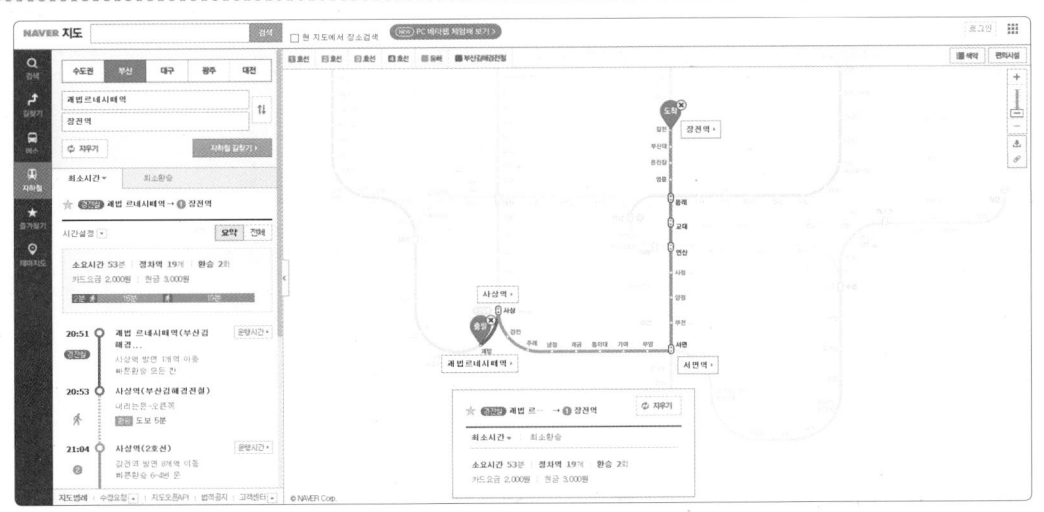	
문제 10	정답	김종양
문제 11	정답	국민이 지킨 역사, 국민이 이끌 나라
문제 12	남・북의 유네스코 인류무형문화유산 (12-1) [그림] (12-2) 2013년, 2015년 (12-3) 2012년, 2014년 (12-4) Traditional Korean Wrestling, Ssirum/Ssireum	

제07회 최신기출유형

문제번호		답 안
문제 1	정답	2
문제 2	정답	4
문제 3-1	정답	2
문제 3-2	정답	5
문제 3-3	정답	4
문제 4	정답	RSS (Rich Site Summary 또는 Really Simple Syndication. RDF Site Summary)
	URL	https://terms.naver.com/entry.nhn?docId=1977778&cid=40942&categoryId=32848
문제 5	정답	73.7
문제 6	정답	안돌이
문제 7	정답	엄이도령[掩耳盜鈴]
문제 8	정답	도가
문제 9	▼ 이곳에 답안 화면을 캡처하여 붙여 넣으시오(이미지 크기 150mm X 100mm).	
문제 10	정답	1350원
문제 11	정답	35
문제 12	2019년 최저임금 월급(209시간, 고시기준)	
	(12-1) 근로복지공단	(12-2) 1,745,150 (12-3) 78,520 (12-4) 15만원

제08회 최신기출유형

문제번호		답 안
문제 1	정답	2
문제 2	정답	1
문제 3-1	정답	5
문제 3-2	정답	3
문제 3-3	정답	1
문제 4	정답	MIMO(Multiple Input Multiple Output)
	URL	https://terms.naver.com/entry.nhn?docId=1262539&cid=40942&categoryId=32379
문제 5	정답	22312
문제 6	정답	사절유택
문제 7	정답	남우세
문제 8	정답	택급만세[澤及萬世]
문제 9	▼ 이곳에 답안 화면을 캡처하여 붙여 넣으시오(이미지 크기 150mm X 100mm).	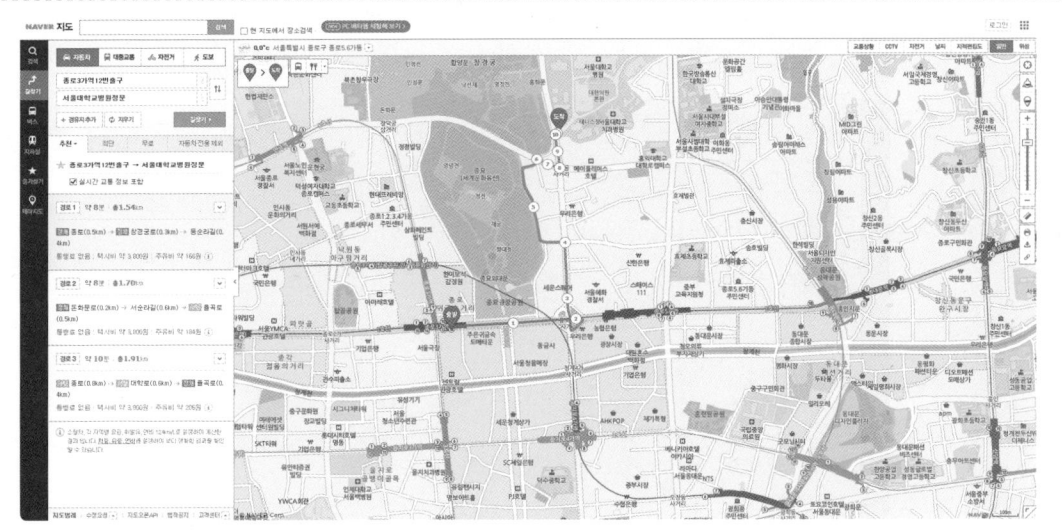
문제 10	정답	2010년
문제 11	정답	한국관광공사
문제 12		북경세계원예박람회
	(12-1)	(12-2) 4월 29일~10월 7일 (12-3) 샤오멍야(소맹아小萌芽), 샤오멍화(소맹화小萌花) (12-4) http://www.horti-expo2019.com/

제09회 최신기출유형

문제번호		답 안
문제 1	정답	3
문제 2	정답	2
문제 3-1	정답	2
문제 3-2	정답	3
문제 3-3	정답	1
문제 4	정답	SNI(Server Name Indication)
	URL	https://news.v.daum.net/v/20190221140006012
문제 5	정답	0.20
문제 6	정답	사부주
문제 7	정답	탐부순재[貪夫徇財]
문제 8	정답	재넘이
문제 9	▼ 이곳에 답안 화면을 캡처하여 붙여 넣으시오(이미지 크기 150mm X 100mm). 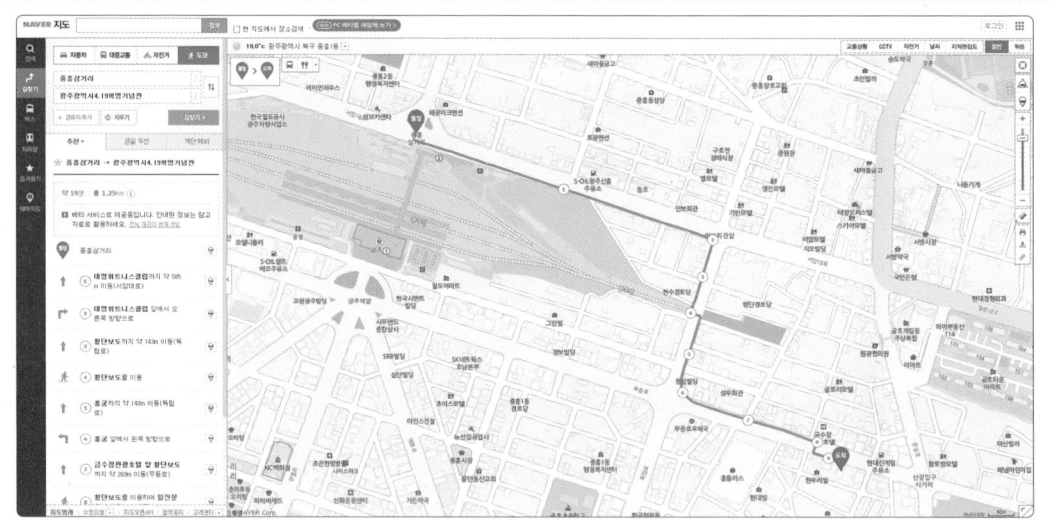	
문제 10	정답	필리핀(Philippines)
문제 11	정답	20위
문제 12	한국은행 화폐박물관 (12-1) 	(12-2) 2001년 6월 12일 (12-3) (사적) 제280호 (12-4) 서울특별시 중구 남대문로 39

제10회 최신기출유형

문제번호		답 안
문제 1	정답	1
문제 2	정답	4
문제 3-1	정답	1
문제 3-2	정답	5
문제 3-3	정답	2
문제 4	정답	휴먼 마이크로바이옴(마이크로바이옴(microbiome) 또는 인체 미생물 유전체(human microbiome))
	URL	http://www.hellodd.com/?md=news&mt=view&pid=66663
문제 5	정답	18.2
문제 6	정답	공상청
문제 7	정답	주리팅이
문제 8	정답	상즉불리
문제 9	▼ 이곳에 답안 화면을 캡처하여 붙여 넣으시오(이미지 크기 150mm X 100mm).	
문제 10	정답	호모 루소넨시스(Homo luzonensis)
문제 11	정답	누르술탄 나자르바예프
문제 12	Summer Universiade	
	(12-1) 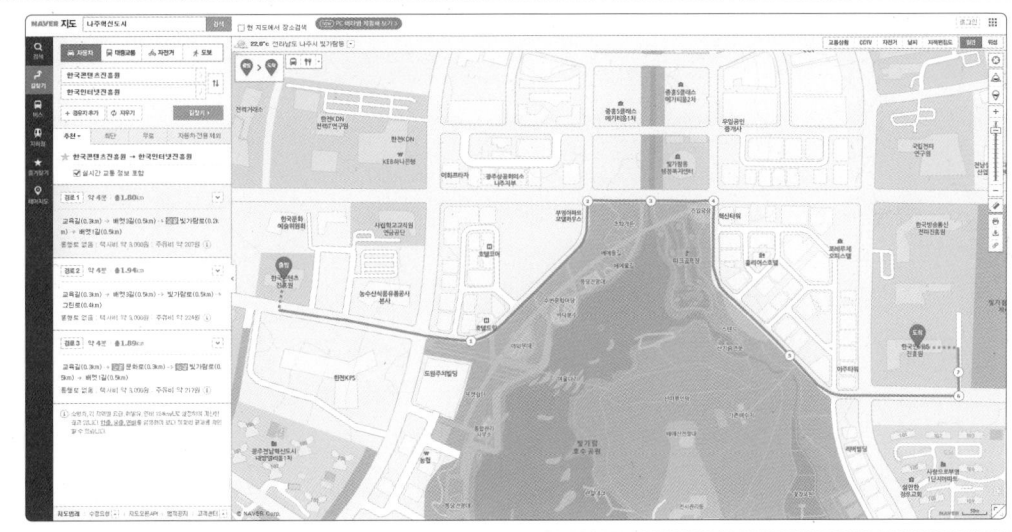	(12-2) 3~14 JULY (07-03~07-14) (12-3) 7 JULY(7월 7일) (12-4) Chengdu(청두)

 memo